D0776348

Las cítaras colgadas
de los árboles
—

¿Por qué corres, Ulises?

Antonio Gala.

ANTONIO GALA

Las cítaras colgadas de los árboles

¿Por qué corres, Ulises?

MIDDLEBURY COLLEGE LIBRARY

PRÓLOGO DE ENRIQUE LLOVET

ESPASA-CALPE, S. A.
MADRID
1977

10/1979
Span.

Edición especialmente autorizada por el autor para

SELECCIONES AUSTRAL

© Antonio Gala, 1974, 1975

© Espasa-Calpe, S. A., Madrid, 1977

—

Depósito legal: M. 40.426—1977

ISBN 84—239—2030—5

PQ
6657
A4
C5

Impreso en España

Printed in Spain

Acabado de imprimir el día 29 de noviembre de 1977

Talleres gráficos de la Editorial Espasa-Calpe, S. A.
Carretera de Irún, km. 12,200. Madrid-34

ÍNDICE

P R Ó L O G O

El teatro nació con el hombre. Tiene sus mismos años y su misma biografía y está tan en peligro como el ser humano, pero sólo desaparecerá con él. La razón de esta insólita proximidad es que el teatro es, esencialmente, la comunicación tangible, visible y actual de una activa imagen de la vida presentada por unos seres humanos ante otros seres humanos. Por eso es tan fácil llegar una y otra vez a la clásica conclusión de que el teatro está en crisis. Si no lo estuviese, sería, sencillamente, porque habría perdido su magnífica condición de espejo social.

No hay que asustarse demasiado. La palabra «crisis», aplicada al teatro, tiene una gran presencia en Larra, en Clarín, en Pérez de Ayala y, por supuesto, en la crítica contemporánea. Coincide, paradójicamente, con una multiplicación de locales y un intenso forzamiento de su explotación. El «negocio» del teatro no está en crisis. Se han logrado, en el mundo entero, espectáculos de rara y admirable perfección formal. Más o menos nutridas existen numerosas franjas de espectadores atentos y leales. Y, sin embargo, no puede negarse la crisis si por ella entendemos el malestar que sienten los convictos de que el teatro en general y nuestro teatro en particular no alcanza a representar las confusas y delicadas vertientes morales, éticas y estéticas del hombre contemporáneo. De

poco sirve el discurso admonitorio de este o aquel
autor y este o aquel espectáculo. Los bien repren-
didos espectadores aplauden con benevolencia a
sus irritados censores como si aprobasen plenamente sus truenos y condenas. Son espectadores
que tienen la conciencia muy mortificada. Pero son
pocos. Son una clase. Son «la población teatral».
Parte de esa población oye a los autores como a
misioneros conminatorios. Una actitud, por cierto,
que no tiene por qué tener el lector de novelas,
el oyente musical o el frecuentador de exposiciones.
Ellos no necesitan ser «provocados». Ellos están
naturalmente instalados en un entendimiento con
los creadores bastante más completo y profundo
que el que mantienen las gentes de teatro. Así
que el teatro contemporáneo, por supuesto, está en
crisis.

   La expresión teatral es muy difícil. Ni la meditación ni la perseverancia tienen nada que ver con
la sensibilidad o los talentos variados que necesita un autor dramático. La organización de un
texto teatral es algo tan sutil, rítmico, medido y cro-
mático como la escritura de una sinfonía. Una
obra es una fábula hablada, mimada y compuesta
que supone la clara exposición de un punto de
vista determinado sobre un problema concreto. Incluso el más ruin de los objetivos teatrales necesita
que ese punto de vista enfoque relaciones humanas
y, de alguna manera, las juzgue. Sin una concep-
tualización de esas relaciones no hay expresión dramática. La estructura de una obra, la cadena que
forma la serie de escenas en que se organiza una
acción y el perfil de los personajes que la sostienen
son los elementos transmisores de aquella posición conceptual. El talento confiere luminosidad a
la exposición, y el oficio dispone y mezcla el enorme abanico de las técnicas contemporáneas, que
igual pueden servir los más banales conformismos

que las más profundas llamadas a la emoción o a
la razón. El teatro es así.

Desde esos supuestos, la acusación a gran parte
de nuestro teatro es tan sencilla, que estremece.
Su mala calidad ha sido tan obvia, que toda visión
medianamente crítica ha tenido que convertirse,
en el acto, en malhumorada. Nuestro teatro, el
teatro español, ha huido como de la quema de la
temática fundamental en cualquier dramaturgia:
un análisis continuo de su propia sociedad. Este
apartamiento nace, claro está, con una posguerra
en que ningún autor es capaz de armarse con el
coraje suficiente como para tratar el gran tema de
la contienda. Resulta muy difícil hablar a unos
espectadores que han sido actores previamente.
Los autores se callan o, lo que es más grave, inician
una terapia de bálsamos calmantes. Huyen rotun-
damente del gran tema o afrontan, alguna que
otra vez, tampoco tantas, el melodramatismo par-
tidario. Quieren olvidar sus propias heridas. Mejor dicho: quieren olvidar que fueron heridos.

La edad de Antonio Gala le había evitado ser
herido, pero le obligó a vivir la convalecencia social
y a presenciar las anodinas expresiones teatrales
que la acompañaron. La guerra civil había inte-
rrumpido la tradición intelectual y crítica inaugu-
rada por la generación del noventa y ocho y con-
tinuada por la del veintisiete. Se abrió una exclu-
yente vigencia de aventuras teatrales ínfimas: un
«modernismo» lírico, una confortable «crítica de
costumbres», un humor astracanado y ruin. Ya
se sabe que la claudicación es una de las más
firmes y dolientes tradiciones del teatro español.
La inmediata consecuencia fue la reducción propor-
cional de la población teatral española, el aleja-
miento de las capas populares y la identificación
absoluta de la burguesía con los asistentes al teatro. Se trataba de un público nostálgico de un pasado

ya «clásico». Paralelamente comenzaba una desamparada búsqueda exterior de nuevas savias teatrales. No se podía ir más lejos. El fatal enrarecimiento de nuestra vida dramática detuvo la entrada de nuevos autores y no llegó al teatro el relevo generacional en número suficiente como para ganar o siquiera plantear la batalla. Casi patéticamente, las promociones fueron guillotinadas en las tristes funciones únicas de los humildes teatros experimentales. Ya no se trataba, simplemente, de la «incomodidad» con que la actividad intelectual se mueve bajo una dictadura. Los intelectuales, irritados y desdeñosos ante un simple teatro «de consumo» se retiraron como espectadores, y las audiencias —sin pueblo y sin intelectuales— adquirieron un inevitable tono homogéneo y monocolor.

No fue sólo la censura. Precisamente la censura, al impedir los alegatos, forzó años después a los espectadores a leer «entre líneas», a activarse, a participar, a organizarse en nuevos y muy personales acordes sensitivos. Fue el propio público el que parecía sentirse deseoso, feliz y encantado con que le diesen gato por liebre. Testarudamente conformista en el fondo y testarudamente naturalista en la forma, es un hecho clave en muchas horas de nuestra historia teatral, la cazurra desconfianza de un público que consideraba las renovaciones como unos gestos cultos mortificantes. Es la posición que arrojó a Valle-Inclán fuera del mundo del teatro establecido. La misma que tan frecuentemente ha repudiado por igual las renovaciones de fondo y las de forma. La famosa posición inmovilista, dispuesta a decapitar cualquier intento de comunicación real entre el teatro y la sociedad. Cerrado como una aséptica campana a cualquier esfuerzo o a cualquier combatividad, aquel teatro sólo admitía, y muy poco a poco, algún que otro elegante atrevimiento escenográfico. Sólo cuando se abrió enérgicamente la puerta —*Historia de una escalera, La muerte de un viajante*— empezó a tambalearse el edificio que tan sólido parecía y comenzaron a afilarse las peticiones de «otro teatro». Se escindió, al menos, el deseo teatral. Muchos se quedaron adscritos a la exclusiva aceptación de un teatro eufórico. Pero una apasionada minoría exigió a gritos la vuelta a una seria vertebración crítica.

La minoría tenía razón. El «divertido» y casero teatro que cuestionaba era débil y miserable, no tanto por lo que hacía como por lo que «no» hacía. Artísticamente, técnicamente mejor dicho, podía ser incluso, a veces, «irreprochable». Pero su enfermizo temblor ante la sociedad española le confería, a priori, un vencimiento triste e infecundo. De ahí, entre otros males, el cortísimo radio de su proyección y la limitación de su audiencia a una minoría más o menos aficionada. Así que aunque, en buena lógica —en buena lógica unamuniana, sobre todo—, el combate por la regeneración del teatro español tenía que ser un combate de todos, fue la minoría la que hizo fermentar cierta sensibilidad hacia un teatro que, muy despacio, comenzaba a manifestar alguna capacidad de lucha por la renovación social, el progreso del país, el franco despertar de peticiones de justicia, decencia y libertad. Es decir, un teatro que deseaba renunciar, al fin, a su *ghetto* de bufón para cargarse de compromisos éticos, políticos, sociales y, en definitiva, reformadores, primero templados, después ásperos y finalmente «subversivos». La general sorpresa fingía ignorar que el interés político del teatro —de una parte del teatro, claro— sólo se hace evidente a través de muy reiteradas manifestaciones de disconformidad. Pero no todos lo ignoraron. Pronto pareció que sectores considerables de la clientela teatral estaban dispuestos a oír un teatro inquieto, siempre que este atinase con los caminos necesarios

para establecer la necesaria comunicación. Difícil
tema. Nuestra sociedad es formalista y se conmueve
y rechaza cualquier osadía renovadora. Someter a
debate polémico un acto integrado en el tejido social es, entre nosotros, una empresa peliaguda. No
hablemos ya si la expresión dramática trata de ser
directa y contundente. Un enorme pozo se fue tra-
gando entonces innumerables proyectos por su falta
de coherencia formal, por su dramaturgia dudosa,
por su aburrimiento integral, por su agobiante mi-
metismo. Y también por otra razón: su desasimiento
social que convertía, muchos de esos trabajos, en
una patética ruptura personal, en una pataleta,
quizá justificada humanamente, pero vacía de sentido para los espectadores.

También era lógico. La guerra había dejado los
escenarios españoles sin maestros. Así que la relación didáctica se estableció como se pudo con
el mundo teatral europeo —especialmente Sartre—,
intuitivamente buscado como refrendario de un
proceso intelectual huérfano y tanteante. Nadie ha
podido ni puede hacer una propuesta teatral en
España si por debajo de los grandes hechos no
hace circular el río natural de la vida cotidiana, su
rutina, su irrelevancia, su domesticidad. Lope habi-
tuó a los españoles, para siempre, a un cierto equilibrio, un equilibrio antagónico entre la heroicidad
excepcional y la serena rutina de la vida vulgar.
El cine, mucho mejor organizado que el teatro,
como empresa y como técnica, supo eso prontísimo.
Teóricamente todo acto teatral es «social», pero las
formas modernas —y las grandes formas clásicas—
tratan de insistir sobre la socialidad de los hechos
dramáticos fortificando su proyección sobre los espectadores, eligiendo temas de gran interés humano y tratando de repercutir e influir, por esa
vía, lo más acentuadamente posible. Es evidente
que después de unos años en los que nuestra so-

ciedad no quería oír hablar del diablo y, en consecuencia, tampoco se atrevía a hablar de Dios,
el teatro tenía que volver a intentar participar en la
rehabilitación moral de la vida española, en la
identificación de sus temblores y en la fijación de
sus capacidades para la crueldad, la indiferencia
o la ternura. El hombre tenía que dejar de ser
abstracto e intemporal para aterrizar en su época
y padecer inmediatamente las contradicciones co-
rrespondientes. Tarea muy difícil para autores soli-
tarios, preocupados por una comunidad en la que
se instalaban con dificultad e insatisfacción. Con
un público como el nuestro, tan reacio a las aventuras intelectuales, el censo de obras y autores
desdeñados tenía que ser muy alto. Desde los bal-
buceos del nuevo teatro, sólo acompañó el éxito
a quienes supieron conciliar los rigores éticos y
morales con una expresión formal apta para mostrar dramáticamente esos rigores. No hay ninguna
teoría que pueda amparar ni al zafio teatro «bien
hecho» ni a la bienintencionada obra crítica de infeliz expresión.

Es evidente que el español no entiende las am-
bigüedades morales. Su ética general necesita la
cobertura de un penacho romántico y, en el teatro
concretamente, exige que los bordes del razonamien-
to ideológico se confundan siempre con los terre-
nos de la pasión. Nuestros autores más exasperados
suelen fracasar porque se les ve mucho que no
desean tanto que cambien sus personajes como
pretenden que cambien los espectadores. Fue preciso Buero, el enorme éxito de Buero, que opuso
a las melodías del orden y la paz el problema ético
de las responsabilidades, y vino a decir que el
teatro no tenía por qué castigar, pero sí tenía
por qué y qué investigar. Buero devolvía al teatro
una característica tan española, que no podía serlo
más: la resurrección del inquisidor. Sus prisas jus-

ticieras, sus ascetismos radicales y, por supuesto, sus piadosas y doloridas condenas tienen raíz y sangre puramente españolas. Buero es universalista y ha visto y leído a Sartre y a Camus, pero esas visiones y esas lecturas no han conseguido, por fortuna, hacerle enterrar a Calderón. Buero dijo que más allá del historicismo o el psicologismo había una realidad ontológica de inagotables y continuas sorpresas. Buero creó nuestro teatro contemporáneo.

Entonces apareció Antonio Gala. Apareció, exactamente, en el teatro María Guerrero de Madrid, el 20 de diciembre de 1963, con el estreno de una obra, *Los verdes campos del Edén*, premio Calderón de la Barca. A los veintiséis años de edad. A los catorce años del estreno de la *Historia de una escalera*. A los veinticuatro años del término de la guerra civil española. Esa noche, Antonio Gala está ya intelectual y éticamente formado y sólo seguirá, hasta hoy, un proceso de concreción que apenas afecta a los datos del crecimiento natural de una obra —desarrollo de ideas, profundización, selección de imágenes, identidad de lenguaje—, sin casi ninguna alteración de sus fuentes personales. Por eso había que fijar con atención las circunstancias de su tiempo. Porque más o menos directo, más o menos sonriente y más o menos amargo, Gala había elegido con mucha determinación lo que una y otra vez constituye el gran objetivo de su obra: la redención.

Nada menos que la redención. El gran tema explícito o implícito en toda la obra de Gala —incluso en su trabajo de raíz o expresión no dramática— es la dicotomía opresor-oprimido, que suele tratar en paralelo, duplicando el choque social con un enfrentamiento personal. Con este planteamiento suele trasladar la contienda general a un combate más íntimo y privado, aunque muy percutiente y, por tanto, casi de superior eficacia teatral. Con toda seguridad este doble encarrilamiento tiende a evitar, y evita en parte, la acusación de «cultismo», que suena mal en los entresijos de nuestro teatro. El sistema podrá ser discutido abstractamente, pero a Gala le ha servido para arrancar a nuestros quietísimos empresarios de sus pétreas fijaciones, seducir al monocorde sector de público que conforma, en general, la reducida población de nuestras salas de espectáculos y, en fin, navegar por el río turbulento y traidor de las censuras políticas, administrativas, privadas y públicas que exigen y limitan, provocan y destruyen, estimulan y devoran, todo al mismo tiempo.

Para encuadrar a Gala —el Gala autor de teatro, completado por el Gala periodista— dentro de su circunstancia profesional, estética y social conviene decir que una vida en estado de permanente alerta frente a los compromisos reales de la sociedad en que se vive no puede ignorar que esa sociedad, la nuestra, anda siempre a caballo entre la tolerancia al renovador y el rechazo al aguafiestas. Gala apareció rehuyendo todo comportamiento convulsivo y envuelto en algo así como una especie de melancolía de la infelicidad. Era una trampa. Gala llegó ya con clara intención de ruptura. El dulce liberalismo teatral había pulverizado nuestra actividad dramática. Gala intuyó, desde su primera obra, que el teatro al que llegaba tenía que volver a ser integrado y que tal recuperación sólo podría hacerse a través de los temas mayores: la culpa, la libertad, la expiación, la responsabilidad. La individualización de las peripecias humanas debía ceder su sitio a un análisis contrario: el estudio de la relación del individuo con las fuerzas que lo zarandeaban. Hace mucho tiempo que se sabe lo que esto significa: la negación del arte como zona autonómica. La responsabilidad social del teatro. Su de-

ber de aceptar los problemas plenamente; es decir,
moralmente.

Es probable que Gala no tenga más actitud común
con sus compañeros de generación teatral que la
asunción de una postura crítica frente al contexto
histórico en el que todos ellos viven. Las profundi-
zaciones de Gala suelen ser aplaudidas por un público que sólo admira y soporta los análisis tranqui-
lizadores. Pero quizá se deba al mantenimiento,
por parte de Gala, de «lo sentimental», con independencia de su crítica de los conceptos. Pura y gran
habilidad. Habilidad lícita y útil, por supuesto. Una
de las cosas precisamente más importantes que de-
bemos a Buero Vallejo es el carácter de teatro «pa-
norámico», que ya puede adscribirse al conjunto
de su obra. Y por ahí va Gala también. Una modulación trágica sorda y otra modulación trágica
clara distingue ambas obras. Pero las dos andan
conciliando el pragmatismo con la severidad, y la
inquisición con la misericordia. Es muy importante
para nuestro teatro que la escritura de Buero, de
Gala, incluso de Sastre, incluya dramas históricos
que ni remotamente pretenden gratificar y, menos
aún, justificar unos grandes festivales escenográ-
ficos. Se trata, más bien, de enfoques y relatos
inhabituales que, si fueron considerados un día,
a primera vista, como formas más o menos in-
geniosas de burlar a la hipersensible censura, deben ser hoy valorados como rigurosos intentos de
indagar en los fundamentos de la condición española para identificar con claridad los eslabones que
nos relacionan. Más allá de eso, el parentesco de
Gala con cualquiera de sus contemporáneos resi-
de, sin más —y sin menos— en la acomodación
seria y honesta a los factores de la sociedad en la
que todos vivimos. Lo que viene después —la es-
pecificación concreta— es, evidentemente, consecuencia del talante personal, que en el caso de

Gala supone un manejo de los datos sociales que
incluye el amor al idioma, la templanza por el
humor y algunos concretísimos respiraderos, como
la curiosidad histórica, el fervor por las expresiones populares, la simpatía por ciertos colores de la
magia y los encantamientos y, naturalmente, su
condición de andaluz.

Andalucía influye siempre, como concepto, en
el trabajo de Gala, en su rabioso deseo de clarificar
cualquier clima de confusión, en la imposibilidad
ética de transar o admitir el compromiso. Gala no
quiere y no trata de justificar nada. Lo malo es
malo, lo sucio es sucio y el dolor es dolor. El recamado verbal de alguna frase sólo puede engañar
a quienes desean ser engañados. Pero Gala no
justifica jamás el horror. No puede. Un latigazo de
miedo es, en Gala, miedo sin templanza, miedo de
tragedia, miedo clásico, miedo duro y granítico.
Es el dolor puro y desnudo del desahuciado que
no quiere oír las terribles palabras del diagnóstico
condenatorio. Cuando Gala se asoma a la tragedia
está provocando el rechazo. Le ha sucedido y le
seguirá sucediendo. Aún suenan muy fuertes los
timbres de alarma del cobarde evasionismo de nuestra sociedad. Por eso quiero recordar que he oído
e incluso leído alguna vez que Gala no es un «hombre de teatro», según la aguerrida terminología de
los legionarios del «teatro total». La observación
es justa si se la descarga de su intención menos-
preciadora. Antonio Gala es un autor que se considera ejerciendo su actividad dentro de un gé-
nero literario concreto. Sabe, por supuesto, que su
obra debe ser espectacularizada y, subsiguiente-
mente, representada. Pero aspira a una materia-
lización correcta y fiel de su propuesta. No escribe
para ser leído, pero tampoco para ser traicionado.
Exije fidelidad, y eso es algo que genera, hoy,
delicadas relaciones. Los textos de Gala —cultos

y sometidos a una presión social, con la inmediata consecuencia de que transporten un cargamento de signos y claves a medio enterrar— necesitan clarificación en el escenario. Lo que no puede suceder es que esta necesidad sirva de pretexto a la creación de una obra distinta a la planteada.

Existe hoy, en verdad, una fuerte tendencia a hacer propuestas teatrales que enseñan todo y explican todo. Gala está bien lejos de ese teatro para retrasados mentales. Sus claves —incluso con el riesgo del naufragio— hay que bucearlas bajo la brillantez del diálogo. Es, por otra parte, un ingrediente de fuerte tradición española: la dramaturgia de la complicidad. Y son esas condiciones las que aparecen en otra fuerte y viva manifestación del andalucismo de Gala: la tensión estilística equilibrada entre el buen humor de la palabra y el malhumor de la situación, el reflexivo juego verbal y el ímpetu infeliz de la esperpéntica desgracia. «Se ríe hasta de su sombra» es una expresión andaluza que elogia y admira esa capacidad para el contrapunto. Esos reidores, ese risueño comunicador, ese Antonio Gala, es el que habla crítica y rigurosamente por encima, por debajo o al lado de su controlada gracia y de su estupendo ingenio verbal. Por eso sus estrenos se organizan como hechos que son, a la vez, culturales, políticos, sociales y, naturalmente, teatrales. Y por eso, un trabajo literario y dramático que llega al público tan directamente debe ser estudiado y responsabilizado, en algún momento, con cierta independencia de las ideas que se conocen o se le suponen a su autor. Autor que, además, no presenta ese trabajo en régimen abierto al gran público, sino que una y otra vez facilita claves para una correcta traducción de la información histórica presentada.

El signo primero, el que colorea, organiza y sostiene los esquemas dramáticos de Gala es, casi siempre, la palabra. Ello equivale a decir que se trata de un teatro muy literario, ya que incluso llega a ordenar las escenas con arreglo a presentaciones literarias, y esa suele ser la tensión que regula el ritmo, marca el tono y plantea o liquida la significación de cada momento. El sistema tiene sus debilidades, pero Gala le debe también sus más grandes momentos. La ironía y la gracia confieren insólita vitalidad a personajes que, gracias a ella, pierden subsidiariedad y se incorporan excelentemente a la acción. El riesgo está en la posible y ocasional sustitución del esquema dramático por el esquema lírico, con peligro para toda la estructura general, puesto que la tendencia barroca puede retrasar la comprensión de las significaciones dramáticas y hacer perder de vista el código de informaciones generales que debe recibir el espectador. Aunque me gustaría haber visto algunas de estas obras frente a un público andaluz, puesto que para el andaluz y mediterráneo que yo soy ese recamado verbalismo continúa siendo una muy buena forma de comunicar, metafórica y brillantemente, información, sentido y direcciones pasionales. Excelente herramienta, pues, para quien se propone interpretar la historia a nivel no científico, pero sí crítico y, muy frecuentemente, sentimental.

En toda obra de Gala hay siempre una estructura cerrada en la que «alguien» debe enfrentarse con la sociedad. A veces esta sociedad casi sólo se adivina al fondo y, a veces, avanza con sus contornos bien visibles. Gala suele abrir sus obras con unos minutos críticos en que confía al lenguaje, deliberadamente simple, la desmitificación inmediata y crítica del tema que va a tratar. Encadena después una alternancia de tratamientos. con más o menos presencia colectiva o fijación individual, y adscribe a esas secuencias una expresión verbal

«anacrónica», en la que suele residir el relámpago
humorístico. Es, pues, la palabra la que crea los re-
lieves dramáticos y salta de la comedia al drama,
de la ironía al patetismo y del humor a la poesía,
encargándose directamente de los cambios dramáticos. Ese mismo carácter del diálogo individualiza
las historias para ejemplificar con ellas la denuncia
histórica. Tanto es así, que Gala huye, como de la
peste, del culturalismo coloquial, lo que le permite
mostrar con claridad los datos «actuales» conteni-
dos en la historia dada. En ese sentido, sí puede
recordarse a Brecht. Gala intenta que reflexionemos
sobre nuestra sociedad desde la anécdota histórica
que alguien vivió en otra sociedad cuyos datos e
ideas son o parecen ser total o parcialmente in-
temporales. Por lo demás, reprocharle a Gala que
no sea «brechtiano» es tan tonto como obvio. Gala
no es brechtiano. Realiza sus obras desde los supuestos dramáticos del aristotelismo: ilusión, indi-
vidualismo, tensiones de dramaticidad personal,
carnalidad y emoción. Dentro de esa convicción
sus personajes suelen tener una caracterización relativamente típica, lo que, naturalmente, no excluye
que Gala los trate con afecto o con acrimonia.
Huyendo del esquema y emborronando los perfi-
les, Gala mantiene su identidad prototípica para
poder decir lo que quiere decir de ellos como clase,
casta o instrumento.
    Posiblemente ese «ilusionismo» y una cierta so-
briedad de las líneas conflictuales lleva a Gala
—sobre todo, por ejemplo, en *¿Por qué corres, Ulises?*— a superar el peligro de las bajas tensiones
dramáticas haciendo una petición a sus espectadores para que se identifiquen con aquellos personajes cuya lucha ha sido maximalizada por la
palabra. Ahí suele lucirse el habilísimo autor. Personajes que se mueven por sueños y ambiciones
legítimas, pero exclusivamente personales —perso-

najes, en definitiva, no aprobables por el «progresismo» teatral— encuentran la adhesión del espectador por la fortaleza literaria con que se expresan o son expresados. Gala es maestro en utilizar su palabra para transferir emociones personales al nivel lúdico colectivo. Cualquier dialéctica tendrá un nacimiento posterior. Las famosas y a menudo desdeñadas «bellas palabras» cumplen muy cabalmente su egregia misión de puente entre el individuo y la colectividad. En estos casos. Gala, visiblemente, considera que lo que sucede en un espacio escénico es una expresión cultural y, por lo tanto, una forma de renovación y ampliación del tejido social, aquí, entre nosotros, y ahora, de inmediato, lo que le lleva a la dual actividad de interesarse críticamente por los datos y comportamientos de la sociedad y a proyectar sobre un escenario los resultados de esas indagaciones. Por eso trata esos temas con moderado realismo; lo suficiente para buscar sus conflictos en la sociedad para la que escribe, lo justo para evitar el indigno propósito de la simple diversión y lo necesario como para esclarecer las causas de los malos efectos y sugerir al espectador un temario crítico de sus relaciones con la comunidad. Y también ha sido no realista, de forma tan moderada y suficiente, que los textos como *Ulises* le colocan en un terreno de juego algo más amplio que el campo de las perspectivas armadas por severas barricadas fronterizas de carácter político y social.

Lo frecuente, sin embargo, es que Gala se embarque en la tarea de intentar que un público, evidentemente conformista, asimile algunas de las ingratas realidades españolas. Se trata, en general, de textos muy elaborados, con un nutrido segundo plano ideológico y un clima familiar pero chirriante y con fuertes disonancias. Es el caso ejemplar de *Las cítaras colgadas de los árboles*, texto definitiva-

mente crítico y volcado a estudiar los problemas
de nuestra realidad social.

El análisis de la historia es una constante básica
en la obra de Gala. No se trata de un análisis
shakesperiano o brechtiano, por cuanto Gala no
se centra en la mostración de los grandes aspectos
estructurales de la historia, sino más bien de un
análisis idealista que se realiza desde una perspectiva que permite el juego poético: la perspectiva
individual. Las contradicciones de la sociedad no
se tipifican, pero se muestran hasta clarear el sentido de las conductas. En *Las cítaras colgadas de los
árboles*, la época, tan conflictiva, se adelgaza para
identificar ciertas corrientes básicas y de tan larga
programación en nuestro país, que alcanzan plenamente al espectador de hoy. Sería grave manejar
estos elementos con ligereza, porque la incompleta
desmitificación puede degenerar en otra imagen igual-
mente reaccionaria o, al menos, confusa. Demasiadas gentes han manipulado, durante demasiado
tiempo, la historia de España. Y aunque no es
necesario el teatro para unas revisiones purifica-
doras, sí es importante que ese teatro, cuando las
aborde, respete la lógica y la coherencia general
de una contemplación objetiva de los datos, antes
que permitir que las tensiones generales se subor-
dinen a las necesidades dramatúrgicas. Aquí es donde
el carácter culto de Antonio Gala se hace más
obvio. Gala no recurre a los rigores científicos.
Pero su escritura, su dramática, su poética tampoco
han seleccionado el blanco intuitivamente. En *Las
cítaras colgadas de los árboles*, Gala va más allá
de conceder a sus personajes unas lícitas opciones
individuales. Por encima de los pinchazos ocasiona-
les, del humor o de la frase acerada hay un ataque
frontal a toda una época histórica, a sus hábitos
de ejercicio del Poder, a su organización social,
a sus expresiones. Existen las lagunas, pero Gala

lucha por colmar el vacío del análisis global con palabras apasionadas que cobran así el lugar de los grandes conflictos dialécticos. Para un brechtiano siempre será el de Gala un tratamiento insuficiente. Yo creo que también la poesía es una fuente de conocimiento y que la desmitificación histórica de Gala se trasluce muy bien por esa vía, en el fondo de los dolores personales.

Con este tipo de escritura, Gala anda siempre afrontando el riesgo de que la gracia jocunda y coloquial de los personajes rebaje, a primera vista y al menor descuido, su entidad orgánica. Las dos comedias que integran este volumen tienen eso en común: exponen una situación vivida por unos personajes reales, manejados por un autor que desconfía de la atención que puedan prestarle los espectadores, y arma a esos personajes con mazas, espadas, pinchos y ganchos, encargados de avivar y distraer a sus oyentes. Esta mecánica «ofensiva» es la que viste de humor las situaciones de entidad más severa en que nacen, se definen y se comportan los personajes. Parece una contradicción estilística, pero yo encuentro que es una forma personal y muy digna de que Gala sostenga lo que quiere decir, sin tener que retroceder un paso o arbitrar medios más flexibles en cuanto a la forma de decirlo. Sistema que, por otra parte, queda favorecido por la habilidad dialogal de Gala. Me atrevería de decir, pues, que se trata de meditar libremente sobre el fondo y defender formalmente esa meditación revistiéndola de apetecibles seducciones; dicho en otros términos: Gala quiere contar lo que le dé la gana, e impone su historia concediendo tantos importantes a la posibilidad de que los espectadores sean desatentos. No puede ignorar, porque nadie lo ignora, que el temor a aburrir es la gran constante, la mayor y más temida constante en todo el habitual panorama de inquietudes de nuestras gentes de teatro. Sería tentador, aunque esta no sea la ocasión de hacerlo, descortezar la historia de nuestro teatro desde tan curioso e importante punto de vista. Seguramente que los miedos afrontados nos facilitarían una penosa y negativa imagen de la sociedad española.

El estreno de *Las cítaras colgadas de los árboles* tuvo lugar en el teatro de la Comedia, de Madrid, el 19 de septiembre de 1974, bajo la dirección de José Luis Alonso. Asentada ya la reputación de su autor, indiscutida su «dramaturgia de la palabra», su violencia vital, el fulgor de su idioma, aparecía como primera orientación un bello título, remitente a una nueva glosa al eterno salmo de los cautivos:

«Junto a los ríos en Babilonia, allí estábamos
sentados y llorábamos al acordarnos de Sión.
De los sauces que hay en sus senos suspendimos
nuestras arpas,
aunque allí nos pedían nuestros cautivadores
recitados de cánticos
y nuestros opresores, alegría:
"¡Cantadnos algún canto de Sión!"
¿Cómo poder cantar el canto de Yahveh en país
[extranjero?»

El título se justificó y desentrañó en el acto. Gala había escrito un poema sobre los sufrientes oprimidos que colgaron sus cítaras de los árboles ante la imposibilidad de cantar sin libertad; había trazado un fresco histórico, popularista, alegre, violento y numeroso, sobre la España del siglo XVI; había afrontado la gran temática inicial de las dos Españas: la inquisición, el impacto social del descubrimiento y colonización de América, la dureza brutal de la discriminación racial; intentaba una contemplación crítica del dorado siglo y sus or-

gullos; proponía, en fin, un tratamiento de cierta
familiaridad genérica con *Anillos para una dama* y la
paralela denuncia, a través de sus víctimas, de
un sistema social y cultural muy cerrado.

Fascinante elección de un tiempo histórico. España,
cada vez más fuerte en el exterior y más miserable
en el interior, parecía dividida en héroes y pícaros,
inquisidores y víctimas, grandes Césares y pequeños
Estebanillos. Limpia de judíos y limpia de moriscos,
una colectiva locura por el ennoblecimiento se su-
maba a las dramatizadas divisiones: ricos y pobres;
encastillados vencedores y rotos comuneros; administradores del oro indiano y administrados ham-
brientos; dos Españas. A una la cantaba la poesía im-
perial; la otra sorbía su llanto después de haber
colgado sus cítaras de los árboles. Gala comienza
su obra con una dura e inolvidable escena popular:
la matanza del cerdo en la casa rica de don Alonso,
alcalde de un lugar extremeño, cristiano viejo y
dueño y señor de las haciendas y vidas de los ven-
cidos. En torno al descuartizamiento, y por encima
del bravío popularismo de la escena, se van per-
filando los caracteres. Lázaro, el comunero per-
dedor, regresa de su exilio americano. Trae el ánimo redentor y la vitalidad castrada. El drama ex-
plicitado es la desesperación amorosa, la cólera del
vencedor y la muerte airada de la rabiosa y fiel
judía. Lo que subyace inmediatamente es el re-
lampagueo esperanzado del pueblo ante la oferta
de una vida mejor y su triste caída bajo la ruda
fuerza de una opresión muy bien organizada. Mucha sangre, desde la simbólica a la real, corre por
este drama desesperado. El sacrificio de la pareja
central contiene una imagen del gran rito purifi-
cador. La meditación es impecable: acción, personajes y palabras configuran, articuladamente, el
acorde de las funciones que integran la terminante
y negra alegoría española. Antonio Gala no quiere

ni puede ser objetivo. Una sombra romántica se
proyecta sobre la exasperada pasión de los personajes, sobre su simbólica representatividad y sobre las explosiones de una gran cólera moral. Enorme empeño de autor, que pasa del tremendismo
a la ternura y de la información a la meditación,
tratando a la vez de predicar y dar trigo, de enseñar
el drama y esconder el melodrama, de intentar la
tragedia sin perder de vista el esperpento, de pintar un aguafuerte y escribir una obra literaria, de
emocionar directamente con la palabra y dejar que
el tema, el terrible tema de la España dual se nos
quede por dentro, larga y terriblemente, resonando
y resonando. En verdad que suenan los antece-
dentes más ilustres del pensamiento español: Amé-
rico Castro, con su imagen de las castas que se
desgarran; alguna página de Menéndez Pidal y su
imperialismo; algún airado grito del padre Las Casas; un eco cervantino del pesar por el desprecio
a los intelectuales, siempre sospechosos de judaizar;
la eterna denuncia liberal de la confusión de iden-
tidades entre la Iglesia y el oficialismo religioso; el
negro tema de los «alumbrados»; toda una contemplación crítica del siglo dorado y sus orgullos,
brillantemente resumida en la llegada del exiliado,
tocado de ardor revolucionario, misticismo, templanza y dialéctica socrática, y convertido por Antonio Gala en una inevitable designación para ser
la punta de lanza en el choque con las violencias
inmovilistas.

Casi un año después —el 17 de octubre de 1975—
estrenó Gala *¿Por qué corres, Ulises?*, en el Reina
Victoria madrileño. «Hay ocasiones —casi todas—
en que uno necesita descansar. Ésa es la razón de
que haya escrito *¿Por qué corres, Ulises?* O mejor,
la razón de que la haya escrito "así": como un
juego», escribió el autor para presentar su estreno.
Claro está que el juego lo consideraba una cosa

seria y que la textual referencia a la *Odisea* le parecía a Gala nada menos que una posibilidad de reflexionar sobre el retorno y la espera, el desmemoriamiento y la disponibilidad, la pesadumbre de una guerra inolvidable y la olvidada razón de esa guerra, aquella ausencia y aquellos otros derivados pesares. En fin: que estamos eternamente divididos y es tan terrible volver como quedarse, porque, sencilla y orteguianamente, es odioso elegir.

Está muy claro en esta comedia que Antonio Gala aspira a espejar a fondo nuestra sociedad. Nausica, Penélope y Ulises codifican una fuerte denuncia, una viva protesta contra una sociedad que ha desespiritualizado a los seres humanos, refiriendo todas sus instancias al éxito y la rudeza de las más percutorias y terminantes decisiones. Una vez más, Gala eligió libremente su fórmula: un personaje desencadenante, una piedra en la charca; cierta deformación de la realidad, que otra vez podría recordar algunos de los ingenios de Valle, si no fuera porque la salida normal de Gala no es negra sino clara y, sobre todo, burlona; dos risas, la directa y la subordinada, inevitable y solitaria la una, y cómplice, bien cómplice, la otra; una referencia literaria que no trata de desenmascarar los viejos ensueños mitológicos, sino de proyectar, sobre nuestro mundo, una tibia y risueña demostración de la perennidad con que los seres humanos se dejan tentar por las inclinaciones amorosas triangulares; un recuerdo a la sombra españolísima y fatigada de don Juan; y el despliegue de toda la libertad verbal de que es capaz un ingenio de facundia tan brillante como incontenible. Puro Gala.

Gala en su honra y Gala en su riesgo tuvo uno de esos delicados estrenos tan frecuentes en las noches ásperas de las comparecencias teatrales madrileñas. A estas alturas Antonio Gala sabe muy bien cuál es la profundidad y sentido de las corna-

das a que se arriesga. Conoce bien el precio que
ha de pagar por la libertad de una obra que, for-
zosamente, tiene un gran interés para la sociedad
concernida, y es por ella juzgada en cada instante
y en cada palabra. Es el precio de la independencia,
la preocupación ética, la obsesión por el buen humor literario, la insistencia en personalizar cualquier trabajo y la presión ejercida sobre el mundo
teatral español para exigirle, continuamente, un
mayor nivel de seriedad. Todo eso es muy difícil.
Más aún cuando ha de intentarse sin experimentar.
Antonio Gala vive y trabaja en un contexto teatral, conservador y acobardado, que sólo ha empezado a superar algunas de sus limitaciones ideoló-
gicas sin haber sido capaz, todavía, de levantar
los precintos estéticos que dificultan la puesta a
prueba de nuevas invenciones formales.

Puedo asegurar, en fin, que una pacífica relec-
tura de *Las cítaras colgadas de los árboles* y *¿Por qué
corres, Ulises?* constituye un gratísimo ejercicio que
ayuda a reconstruir la imagen del escritor que hay
en Gala y que tanto sobrenada a su compromiso
con la expresión teatral. «Si existe un hombre
atormentado por la maldita ambición de poner todo
un libro en una página, toda una página en una
frase, y esta frase en una palabra, soy yo.» Es una
declaración de Joubert. Podría haber sido una gloriosa y penitencial confesión de Antonio Gala.

                                    ENRIQUE LLOVET.

LAS CÍTARAS
COLGADAS DE LOS ÁRBOLES

Las cítaras colgadas de los árboles se estreno el día 19 de septiembre
de 1974 en el teatro de la Comedia, de Madrid, con arreglo al

REPARTO

MARCOS	Manuel Dicenta
ALONSO	Manuel Torremocha
DOMINGO	Alfredo Vázquez
ESTEBANILLO	Fernando Tejada
FRAY GUZMÁN	Antonio Cintado
CAMACHA	Margarita García Ortega
JUSTINA	Berta Riaza
OLALLA	Conchita Velasco
PORQUERO	Manuel Andrade
HERNANDO	Francisco Cecilio
MARIVEINTE	María Luisa Armenteros
LÁZARO	Jesús Puente

Porqueros; Pueblo; Soldados: José María Vara, Lolita Muñoz,
Jesús Baro, Misael Babil, Millán Salcedo, Abel Navarro, Margarita
Barceniña, Luis Muñoz, Francisco Algaba, Carlos Sotillo, Juan
José Ortega, Justo Erdociain, Araceli Castillo, Alberto Ruiz, An-
tonio Montero, Jesús Musa, Rafael Laredo, Manuel Torres,
A. Pasaporte.

Escenografía y figurines: MAMPASO. Realización de vestuario
femenino y masculino: ANITA y GONZÁLEZ. Dirección: JOSÉ LUIS
ALONSO

Las cítaras colgadas de los árboles *es una historia, como todas, llena de gozo y pesadumbre. Se desarrolla en un momento en que, más tajantes que nunca, había dos Españas y una estaba más lejos que nunca de la otra. Un momento en que se mataron muchos espíritus, empujados a una desesperación en que era preferible morir pensando en otra vida: mejor o peor, pero otra. El momento en que nace la España americana, que fue entonces la Nueva, mientras el agua se había estancado tanto que sólo era ya fango, como esas ciénagas que ahogan al que quiere limpiarlas.*

Procurar referir una historia con objetividad es la mejor manera de hacerse odioso a todos los partidos. Porque la Historia auténtica siempre tiene algo de confesión desesperada: no es una simple lápida conmemorativa, sino un paisaje que se aclara o se esfuma según las luces que sobre él proyectemos. De ahí que si corro el riesgo una vez más de escribir sobre Historia de España es porque tengo la seguridad de que el español debe convivir sinceramente con su propio pasado para poder después convivir con su prójimo.

La anécdota que, como vehículo, he preferido en este caso es el relato de un retorno —ese eterno retorno—, de una redención no consentida y de un amor que va más allá de los límites, si es que son límites para el amor los impuestos por unas circunstancias más pasajeras que él.

En los nombres de todos los personajes he deseado

manifestar mi devoción a la literatura más española que haya: la picaresca, que brota de un larguísimo cansancio y también de una esperanza ciega: la esperanza, para serlo de veras, tiene que ser más ciega que la fe. (El protagonista de Las cítaras *pensaba en la segunda mitad del siglo XVI lo que la mejor juventud del mundo entero piensa en la segunda mitad del siglo XX.) Con esperanza así se escribió esta comedia.*

                                        Antonio GALA.

PRIMERA PARTE

*(A telón alzado, pero aún en el oscuro, co-
mienza a oírse un rebato de campana no
eclesiástica, sino como de antiguo zaguán.
Las voces van llegando, cada vez más pre-
sentes. Luego, gritos, gruñidos, carreras,
alboroto.)*

ALONSO.—*(Con la vana soberbia y la seguridad de
siempre.)* ¡Que todo el pueblo sepa que yo hoy mato
en mi casa! ¡En lo alto del estrado de mi casa!

(Se acercan las voces multiplicadas.)

MARCOS.—*(Mezclando con ellas la suya, destem-
plada y sin ritmo.)*

> *Dies irae, dies illa*
> *soelvet saeclum in favilla,*
> *teste David cum Sibylla...*

ALONSO.—¡Traedlo ya! ¡Arriba!... ¡Todos los que
comen de mi pan tienen que estar delante!

DOMINGO.—*(Con una risa bobalicona.)* Por su pie
está subiendo...

CAMACHA.—Santo, santo... Solito. A lo verde de
las aliagas viene, pobre mío...

ESTEBANILLO.—¡Que se va! ¡Que se va pa las flores!

HERNANDO.—Así son: dos días sin comer y busca flores...

MARCOS.—*(Imperturbable.)*

> *Quantus tremor est futurus*
> *cuando judex est venturus,*
> *cuncta stricte discurssurus.*
> *Tuba mirum sparge sonum...*

FRAY GUZMÁN.—*(Interrumpiéndole.)* Deje don Marcos el «Dies irae» para ocasión más propia.

CAMACHA.—¡Se nos va! ¡Se nos va!

ALONSO.—*(Irritado.)* Dóblale ya esa mano, Domingo, ¡hijo de puta!

CAMACHA.—Deje don Alonso también el hijoputa para ocasión más propia.

ALONSO.—¡Así! ¡Ahora el gancho! El gancho en la papada. *(Un grito enorme.)* ... si no, no hay quien lo mate.

CAMACHA.—*(Entre gritos.)* Es que él sabe que tiene que morir: por eso huye de todos.

ESTEBANILLO.—Hasta ayer nos venía a comer en las manos...

OLALLA.—Éstos, de nacimiento saben cuál es el día de su muerte. Benditos. Ninguno de nosotros conocemos el nuestro.

ALONSO.—Cierra esa puerta, maldita sea, Esteban, que se escapa.

OLALLA.—Lo que es muy largo de España no se irá: ya engarfiado...

ALONSO.—*(Sarcástico.)* Más de uno está en las Indias. He dicho que cerréis. *(Más carreras, más jadeos gruñidos aterrados como infrahumanos. Los versículos, a veces tarareados del Dies irae. Un grito especialmente espeluznante.)* ¡Ahora es nuestro!

DOMINGO.—Buenas patadas da...

ALONSO.—Sujetad, los de ahí, Camacha, ¡mala pécora!

CAMACHA.—¡El corazón estoy echando por la boca!

ALONSO.—Fuera verdad y una piedra echarías... ¡Sujétalo!... ¡Híncale más el gancho! (*Gritos de terror.*) ¡Y atadle bien las manos! ¡Venga! ¡Arriba!

> (*Ruido sordo de un cuerpo que cae. Forcejeos, crujidos de madera.*)

DOMINGO.—Que se me va palante...

ALONSO.—¡Bendiga, Fray Guzmán! Aquí es donde se prueba quien es y quien no es cristiano viejo...

DOMINGO.—¡Pues de prisa, que es manioso y no ceja!

> (*Viene la luz. Viene sobre el salón de estrado de la casa de ALONSO VARGAS. Todo en ella está decaído: los cuadros familiares, las cortinas, las paredes que se pierden al fondo cerca de los corrales... Como si una lentísima carcoma de dejadez, de tiempo y corrupción lo fuese devorando. Sobre una mesa tocinera, en el estrado, un cerdo semioculto por quienes lo sujetan. Tras de él, de frente. FRAY GUZMÁN, entre ALONSO y el BACHILLER HERNANDO. Cerca, ESTEBANILLO, con acetre e hisopo. DOMINGO, corre con la mayor faena, junto a algún otro hombre. En primer término, a un lado, JUSTINA, de espaldas a la matanza hierática, junto a la cuna donde llora casi siempre un niño de unos meses. Al otro lado del primer término, preparando los utensilios de la matanza y los avíos, la CAMACHA y OLALLA.*)

FRAY.—(*Bendiciendo la casa.*) Pax huic domui.

> (*Todos se santiguan, menos HERNANDO. Se vuelve a él FRAY GUZMÁN.*)

HERNANDO.—(*Pendiente todo el tiempo de* JUSTINA. *Seco.*) Et ómnibus habitántibus in ea.

ALONSO.—(*A* HERNANDO, *que sujeta también, con repugnancia, el cerdo.*) ¿No te santiguas tú, el de los latines?

HERNANDO.—(*Por el cerdo.*) Si lo suelto, se va... (*Ríen los hombres.*) Con la intención me he santiguado...

ALONSO.—¡Intenciones! Luterano es lo que eres. En España no hay más que luteranos y judíos...

OLALLA.—(*Como para sí, reprendida por* CAMACHA.) ¿Qué sería, si no, de ella?

FRAY.—(*Con el hisopo que pide a* ESTEBANILLO.) (*Sobre el cerdo.*) Asperge me, Domine, Hyssopo et mundabor: lavabis me et sicut niven dealbabor... (*Santiguándose.*) Adjutorium nostrum in nómine Domini...

HERNANDO.—Qui fecit coelum et terran.

FRAY.—Exaudimos, Domine, Pater Omnipotens, aeterne Deus, et míttere dineris Sanctum Angelum tuum de coelis, qui custodiat, fóveat, prótegat atque defendat omnes habitantes in hoc habitaculo... (*A* ESTEBANILLO, *que distraído, ha volcado el acetre.*) Pon derecho el acetre, que me mojas los pies... (*Pescozón de* ALONSO *a su hijo.*) Per Christum Dominum nostrum.

TODOS.—(*A* OLALLA.) Hoy martes, es buen día. Hay que rezar la oración de San Juan Retornado. Si lo ves en la sangre es que no vive. Si lo ves en el agua, volverá.

MARCOS.—(*Canturreando, con un ataucillo bajo el brazo izquierdo, ajeno a todo, yendo y viniendo.*) Dies irae, dies illa...

FRAY.—¡Callad todos! ¡Respetad la palabra de Dios! (*Bendice el cerdo.*) In nŏmine Patri et Filiii et Spiritus Sancti, extinguatur in te omnis virtus diaboli per impositionem manuum nostrarum... (*Le impone las manos. El cerdo da un respingo que asusta al fraile.*) ¡Cogedle bien, rediez!... el per invocationem gloriosae el sanctae Dei Genitricis Virginis Mariae, eiusque incliti sponsi Joseph et omnium Sanctorum Angelorum, Archangelorum, Patriarcharum, Prophetarum, Apostlorum, Mártyrum...

OLALLA.—(*A* CAMACHA.) ¿Cómo empieza la oración de San Juan Retornado?

FRAY.—(*Alzando la voz para imponerse.*)... confesorum, Vírginum atque omnium símul sanctorum.

> (*Se vuelve a* HERNANDO *que mira a* JUSTINA *distraído. Le da un codazo.*)

HERNANDO.—Qui fecit coelum et terram.

FRAY.—Nada de «qui fecit coelum et terram». Amén.

HERNANDO.—(*Confuso.*) Amén.

ALONSO.—A ver si estáis en lo que estáis, ¡vete a briés! (*Enarbola un cuchillo.*) ¡Allá va!

FRAY.—(*Deteniéndole.*) A ver si estamos en lo que estamos... No he terminado. Kyrie, eléison. Christe, eléison. Kyrie, eléison. Páter noster.

> (*Silencio recogido de todos.*)

CAMACHA.—(*Como si rezara el padrenuestro.*) Retornado es la Casa Santa de Jerusalén, en donde Jesucristo entró.

OLALLA.—(*Recordando.*) La segunda palabra representa las Tablas de Moisés.

CAMACHA.—La tercera, los tres clavos con que clavaron al Divino Jesús.

OLALLA.—La cuarta, los cuatro Evangelios que rigen este mundo.

CAMACHA.—La quinta, las cinco llagas inferidas al Santísimo Cuerpo.

OLALLA.—La sexta, las seis luces que pusieron las vírgenes para alumbrar el Santo Sepulcro.

FRAY.—Et ne nos inducas in tentationem...

HERNANDO.—Sed líberanos a malo.

FRAY.—(*Concluyendo.*) Nihil preficiat inimicum in eo. Que ningún enemigo saque provecho de él. (*Se vuelve a* ALONSO.) Ahora.

> (ALONSO *da al cerdo una feroz cuchillada. Un grito espantoso.* OLALLA *ha subido al estrado. Sentada en un escabel, recoge la sangre en un lebrillo. Estertores, gruñidos. Muy erguida,* OLALLA *da vueltas con la mano a la sangre.*)

CAMACHA.—(*Que ha subido también, mientras los hombres importantes descienden a primer término.*) La séptima palabra de San Juan retornado representa las siete cabrillas que alumbraban el firmamento. (*A* OLALLA.) Sigue...

OLALLA.—(*Alucionada, mirando el lugar de donde luego colgarán al cerdo, muy en la penumbra.*) La octava, los ocho lamentos cuando ataban a Jesús en el madero.

CAMACHA.—¡Mira la sangre ya!

OLALLA.—(*Que ve a* LÁZARO DE AYALA, *bajo la adaraja de la pared, junto al escudo y la cruz de Santiago. Se le aparece gallardo y bien compuesto, como «el conquistador de Indias» de un texto de Historia, quebrando la penumbra. Trae la aparición un ruido de chicharras y grillos, como una noche caliente de verano.*) Lo estoy viendo ahí...

> (*Señala con la barbilla.*)

CAMACHA.—Ahí, no. ¡En la sangre!... La novena representa los nueve meses que la Virgen conservó dentro de su vientre a Dios.

OLALLA.—(*Intentando resistirse a la aparición, que se va y vuelve.*) La décima los diez mandamientos de la nueva ley... (*Se pasa la mano por la frente.*)

CAMACHA.—¡Qué haces con tanta morisqueta!

OLALLA.—Espantarme las moscas.

CAMACHA.—¡No las hay!

OLALLA.—¡Lo estoy viendo, Camacha!

CAMACHA.—Pero, ¿dónde? ¿En la sangre? ¡Di!

(Amainan los gruñidos.)

JUSTINA.—*(De pie, exaltadísima.)* ¡Oigo gritos! ¡Alguien está haciendo ahí fuera algo terrible! *(Mira atrás. El niño llora más.)* ¡Toda esa sangre!

ALONSO.—*(Con el fraile y el bachiller.)* Mujeres delicadas... ¿No hay un vaso de vino en esta casa?

(Muy duro, a JUSTINA, que agacha la cabeza y va a servirlo de una alacena. El viejo MARCOS canturrea.)

CAMACHA.—La décima primera, las once mil vírgenes que acompañaron a Jesús en su pasión y muerte.

OLALLA.—La décima segunda, los doce apóstoles que con Jesús cenaron la última noche.

CAMACHA.—*(Solemne.)* La décima tercera palabra de San Juan retornado... Mira ahora bien en el lebrillo... son los trece mil rayos que tiene el sol y trece mil la luna. Que trece mil rayos le partan las malas ideas a quien quiera dañarme. Así sea. Amén Jesús. *(Un trueno lejano.)* La Mano Poderosa me ha escuchado. Siempre me escucha. Amén.

JUSTINA.—*(Con los vasos de vino.)* ¡Están pidiendo socorro ahí fuera! ¿No lo oís?

CAMACHA.—Sí. Pero son las Ánimas Benditas.

ALONSO.—*(Mientras sirve JUSTINA a los otros, acariciando el cuello a OLALLA, en voz baja.)* ¿No me quieres hablar, judiílla, hoy que estás en mi casa?

OLALLA.—*(En alto.)* Dile eso a tu mujer, que lleva catorce años sin hablarte. *(Lo han oído todos. Disimu-*

la. Baja ALONSO *un poco corrido riendo con cara de conejo. Se oyen ladridos, que contagian a perros más próximos.)* ¿Por qué ladran los perros? Todos los perros del pueblo están ladrando...

(JUSTINA *la mira a hurtadillas.)*

CAMACHA.—¿Lo ves o no?

(OLALLA. *la mira fijamente sin contestar.)*

MARIVEINTE.—*(Desde fuera, lejos, acercándose.)* ¡Madre! ¡Madre!

JUSTINA.—Se oyen golpes, como si alguien estuviese cavando fosas fuera...

HERNANDO.—*(Para calmarla.)* Son la burra y las cabras que patean en el corral: las desconcierta tanto griterío...

JUSTINA.—*(Volviendo junto a la cuna.)* Serán.

OLALLA.—Ya oigo cantar chicharras, Camacha. Y grillos...

CAMACHA.—Un manicomio. Todas oyendo cosas imposibles. En diciembre no hay grillos ni chicharras. Figuraciones tuyas. ¡Mira la sangre!

OLALLA.—¡Yo los oigo!

CAMACHA.—Muy bien. Entonces son las ánimas.

MARIVEINTE.—*(Muy cerca.)* ¡Madre!

JUSTINA.—*(A gritos.)* ¡Que se calle tu hija! ¡Va a despertar a mi hijo!

CAMACHA.—Tu hijo está despierto desde que nació... *(En la puerta.)* ¡Ven acá, Mariveinte, cachazona! *(Aparece* MARIVEINTE.*)* Siempre llegas tan tarde como cuando naciste, condenada: que ya tenía yo cincuenta y siete años bien cumplidos, Jesús.

MARIVEINTE.—*(Sofocada.)* Es que está entrando un hombre por el puente de fuera... Hace un día más pardo...

OLALLA.—¿Por el puente? Forastero ha de ser. Los de aquí saben que el río no llevó nunca agua...

ALONSO.—Si es forastero y es cristiano viejo, tiene hoy abierta la casa del alcalde. ¡Que venga!

CAMACHA.—(A OLALLA.) Mueve bien esa sangre, que se te va a cuajar. (A DOMINGO, que afirma.) ¿Ha cagao ya?

OLALLA.—Suéltalo. Ya no huye.

DOMINGO.—Era rubio el cabrón. (Un último estertor.) ¡Quieto!

OLALLA.—Que briegue. Déjale. Cuanto más briegue, más sangre suelta y más morcillas salen.

DOMINGO.—Sí, para ellos. Siempre estamos matando para ellos... (Con su risa de bruto.) Un día nos levantamos bien temprano, ¿eh? y los matamos a ellos... así y así. Y ya está.

(MARCOS canturrea el «Dies irae».)

OLALLA.—No veo la sangre, Camacha. Hay mucha espuma encima...

CAMACHA.—Menéala, menéala...

MARCOS.—(Sentado, leyendo el epitafio de su pequeño ataúd alargado.) «Juntos vivimos, juntos luchamos, justo es que juntos descansemos.»

FRAY.—Requiescant in pace, abuelo.

MARCOS.—Sí, señora.

MARIVEINTE.—(Coqueteando con ESTEBANILLO que la persigue y la mira con ojos de deseo, junto al cerdo.) Está vivo. Ha perdido el color pero está vivo, ¿no?

OLALLA.—(A DOMINGO.) Ponlo más bocaabajo, que suelte lo que tiene que soltar. Aquí hace falta sangre.

MARIVEINTE.—(Al cerdo.) Muérete, total ya... (Ríe ESTEBAN. A él.) He visto en el corral al de dos meses. Más bonitico. (Señala.) Así y pesará lo que éste cuando llegue su hora... ¿Está ya castradillo?

ESTEBANILLO.—Ya está castrado el maricón... Mariveinte...

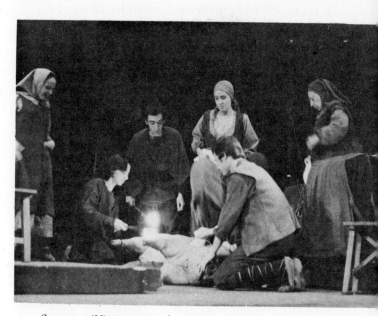

CAMACHA.—(*Mientras empieza la socarradura del cerdo.*) Hoy te quemas el mostacho, jodío...

OLALLA.—Catorce meses ha sido vuestro amigo al fin y al cabo...

CAMACHA.—(*Que está en todo.*) ¡Los leños!

ALONSO.—(*Al bachiller que se ha puesto a leer y mira por encima del libro a* JUSTINA.) ¿Qué haces, bachiller? ¿Tú también los breviarios como el dómine? (*Le tira el libro.*) Saber leer son quimeras que llevan a los hombres al brasero y a las mujeres a la casa llana... ¿No es cierto, Olalla?

OLALLA.—(*Cortante.*) Tú sabrás: yo no he ido.

ALONSO.—(*Por humillarlo, a* HERNANDO.) ¡Ayuda arriba!

CAMACHA.—Traed leños más curiosos, puñeteros. (*A* OLALLA.) Y tú, párate ya. ¿O es que quieres que este animal, él solo, inunde toa la casa de sangre? (*Bajan al cerdo y lo depositan sobre los leños. Un espasmo.*) ¡Ay, furioso, cuando terminarás!

OLALLA.—(*De pie.*) Bien muerto está. Lo que pasa es que hasta después de muerto se quiere seguir vivo...

CAMACHA.—¿Qué sabrá ella? Eso, sólo las ánimas lo saben. Benditas sean, Jesús.

(*Se santigua.*)

OLALLA.—(*Comenzando el rito del fuego.*) Con estas aliagas no hay ni para empezar.

(*Las prende. Un movimiento de grandes sombras empieza a proyectarse sobre el fondo. Llora el niño.*)

JUSTINA.—¡El fuego va a despertar al niño!

CAMACHA.—¡El niño está despierto!

JUSTINA.—¡Yo me voy!

(*Se incorpora.*)

ALONSO.—(*Desapacible.*) ¡Tú te quedas! (*Echándolo a mejor parte.*) No vayan a pensar que mi esposa es judía... ya tenemos bastante con Olalla.

CAMACHA.—(*Tapándole la boca a* OLALLA, *que va a replicar.*) Tú que tienes buena voz, Domingo, cántale algo al hijo de los amos...

OLALLA.—(*Por el cerdo, que aún mueve una pata.*) Está diciendo adiós. No lo atendéis.

MARIVEINTE.—Adiós... (*A* ESTEBAN.) Dile tú adiós...

JUSTINA.—(*Para separarlos.*) Mece a tu hermano, Estebanillo!

ESTEBAN.—¡Madre!

(*Ríe* ALONSO.)

JUSTINA.—¡Mece a tu hermano!

CAMACHA.—(*Mientras empieza la socarradura del cerdo.*) Hoy te quemas el mostacho, jodío...

OLALLA.—(*Insistente.*) Catorce meses ha sido amigo vuestro al fin y al cabo... (*A los importantes, descarada.*) Podíais decirle adiós o hasta después.

ALONSO.—Los hombres no cruzamos saludos con castrones...

(*Ríe.*)

MARCOS.—(*Tumbándose, junto a su ataúd.*) Justo es que juntos descansemos...

FRAY.—Se va a enfriar don Marcos en las losas.

JUSTINA.—(*Echando a* ESTEBANILLO.) Ya no hay quien duerma al niño... ¡Levante, padre!

CAMACHA.—Cántale, tú, Domingo.

(DOMINGO *se ha acercado deseoso a* OLALLA *y* ESTEBANILLO *a* MARIVEINTE.)

DOMINGO.—Anoche fui...

CAMACHA.—Que la dejes y cantes, ¡zoquetudo! Pon tú sola el camal... ¡Y tú asegura la adaraja aquella!

MARCOS.—(*En el suelo.*) Dies irae, dies illa...

CAMACHA.—¡Hay que joderse con el loco! Esas coplas no son para dormir a niños...

FRAY.— En efecto: son para dormir a los mayores.

CAMACHA.—(A MARCOS, *que se ha levantado y sube al estrado estorbando.*) Váyase con el amo y con el cura. Y llévese esa caja de muerto que por chica que sea, no tiene buena potra.

(Gesto contra el mal de ojo.)

OLALLA.—(*Entre el humo de las aliagas.*) Huelen bien las aliagas... Primero por la herida... Socarrarlo primero por la herida.

ALONSO.—(*Riendo.*) Que lo rasquen los hombres. Hay cosas que las mujeres no deben ver de cerca ni en los cerdos.

CAMACHA.—Las mujeres no vemos esas cosas. Las sentimos o nada. (*Risotada. Los hombres afeitan al cerdo. Manejan con palos largos las aliagas ardiendo. Las mujeres vierten el agua.*) Con qué poca gracia movéis esas paletas... (*Con intención.*) Déjalo, Estebanillo, tú no sabes. Ve con la Mariveinte. (*La* MARIVEINTE *está en la ventana.*) Los sobacos, también.

MARIVEINTE.—¡Está lloviendo!

(Todos se detienen un momento.)

FRAY.—El Señor me ha escuchado; ahora mismo se lo estaba pidiendo...

CAMACHA.—(*Con guasa.*) Lo que es ser influyente.

JUSTINA.—(*Obsesionada.*) Algo va a pasar cuando llueve. La vida luego siempre cobra la lluvia.

ALONSO.—Agorera... ¡Alegría, alegría! Son panes que nos están echando.

HERNANDO.—(*Al* FRAILE.) Los del campo, el año entero con el ojo en el cielo, lo mismo que los frailes...

FRAY.—Pero nosotros sin esperar nada.

HERNANDO.—¿Sin esperar? Quién lo diría...

ALONSO.—¡Yo sabía que iba a llover hoy! (*Al* FRAILE.) Aunque el mérito sea de su oración...

MARCOS.—Está cayendillo, cayendillo. ¡Qué bien!

(*Sale.*)

ALONSO.—Cuando sueño con toros negros, llueve por la mañana. Soplaba el ábrego y soñé con toros negros... Si llegan a ser coloraos, es nieve o yelo... Toda la noche anduve entre los toros...

CAMACHA.—A mí me dieran toros cada noche. ¡Benditos! Negros o coloraos, a mi edad da lo mismo.

DOMINGO.—(*Acercándose a* OLALLA, *con disimulo.*) Cuando hay sol, es peor, que las moscas acuden a tós sitios y son mu licenciás.

(*Toca a* OLALLA.)

CAMACHA.—(*Golpeándole.*) ¡Más licenciao eres tú! ¡Que socarres y dejes a la Olalla!... Esos pliegues del culo, bien rapaos. (*Ruido de las cuchillas.*) ¡Alguien los ha trasquilao con la navaja! ¡Que no quiero navajas! ¡Tejos y coberteras, no navajas! Quien no sepa matar que no se meta, ¡¡rediós!!

FRAY.—No jure la matancera.

CAMACHA.—Si es que con esto jura el santo Job, ¿no da pena?

FRAY.—Dejemos el Antiguo Testamento. A un buen cristiano los Evangelios le sobran y le bastan.

ALONSO.—(*Con sorna.*) Sobrarle, no. No se pase su reverencia de cristiano.

HERNANDO.—Difícil cosa es ésa. ¡Hay quien se pasa y hay quien no llega! Estar en la mitad es lo difícil.

FRAY.—No es estar lo difícil, sino ser. Esto es lo que olvidamos a menudo. Lo que importa, hijos míos, es servir al Señor.

OLALLA.—(*Desdeñosa.*) ¡Servir al Señor! ¿Nosotros? ¡Tan poca cosa como somos! Será el Señor quien tenga que servirnos, si no ¿qué haremos?

ALONSO.—(*Abofeteándola.*) ¡Judía renegada! La Inquisición debiera oírte.

CAMACHA.—(*Mediando.*) Con la Inquisición, chitón, don Alonso. Son palabras mayores y estamos de matanza... A la mesa entre todos. (*Levantan al cerdo. No llegan a la mesa.*) ¡Maricones! Otra vez... (*Ahora consiguen ponerlo sobre la mesa.*) ¡Ahí!

OLALLA.—Vivo subiste a esta mesa, compañero y ahora qué quieto estás... Para que te comieran tenías que morir.

(*Llora el niño.*)

JUSTINA.—(*Levantándose.*) Este niño no duerme. Yo me voy.

ALONSO.—¡Siéntate! Si eres tú la que lo haces llorar con tus melindres.

OLALLA.—(*Inclinada sobre el cerdo con el cuchillo en la mano.*) Yo sigo oyendo las cigarras, Camacha.

CAMACHA.—Raja y calla. Ya hablaremos de eso, pero no aquí y ahora.

(OLALLA *hace una incisión desde la garganta al rabo.*)

OLALLA.—(*A* DOMINGO.) Quebrántale las patas.

HERNANDO.—Eso hacían con los crucificados.

(*El* FRAILE *lo mira.*)

ALONSO.—(*Arriba, asomándose al cedro abierto.*) Si quieres ver tu cuerpo, abre un puerco.

OLALLA.—Pues, hala, a verse todos... También los amos son así por dentro. Y las amas. Y los frailes también.

CAMACHA.—Veinte veces me abrí como ese cerdo. Para parir. Dios mío, dieciocho me pude haber ahorrado.

(OLALLA *saca una primera tripa.*)

JUSTINA.—(*Entra curiosa y horrorizada, a* HERNANDO, *que la mira.*) ¿Qué es eso?
OLALLA.—(*Desafiante.*) El ramal de las casadas. De las bien casadas, quiero decir.
CAMACHA.—¿Qué va a ser? ¡La meadera! ¿Es que no la conoces?
ALONSO.—(*Tocado.*) Vete, Justina.
MARIVEINTE.—El gorrino pequeño está gruñendo.
OLALLA.—(*Maligna.*) No, es el niño que llora... En el fondo, da igual. (*A* CAMACHA.) ¿Sacaste el cagalar?
CAMACHA.—Lo saqué.
OLALLA.—Pues a izarlo.

(*En el revuelo* DOMINGO *mete mano a* OLA-LLA *y* ESTEBANILLO *hace lo que puede con* MARIVEINTE.)

ALONSO.—Yo os ayudo.

(*Lo que quiere es tentar a* OLALLA.)

CAMACHA.—(*Que está en todo.*) Domingo, tú no estorbes.

(*Crujen las cuerdas.*)

ALONSO.—(*Descubierto.*) Llamándose Domingo es natural que vaya tras del sábado, ¿no, páter?
CAMACHA.—Detrás, pase. Pero no tan pegao que restriegue el culo. (*Se alabea el camal. Queda el cerdo colgado entre el escudo y la cruz de Santiago.*) Descósele la herida.

(OLALLA *lo hace y pone un lebrillo en el
suelo.*)

OLALLA.—La última sangre es negra.
CAMACHA.—¿Qué querías? El borbotón de un
muerto es siempre negro.

(*Llevándose las manos a la cara,* OLALLA
lanza un grito.)

ALONSO.—(*Preguntando.*) ¿Qué sucede ahí arriba?
CAMACHA.—(*A* OLALLA, *bajo.*) Te dije que aquí,
no. (*En alto.*) A Olalla, que en la toquillica le salpicó
la sangre...

(*Empuja a* OLALLA *que seca la piel del
cerdo con un trapo oscuro.*)

ALONSO.—La sangre de los cerdos sólo mancha
a los que no tienen limpia la suya. Olalla. Un cristiano viejo se honra con ella. Mira. (*Se ensangrienta
la mano y mancha con ella la cara de* HERNANDO,
que se clava las uñas humillado. JUSTINA *se cubre los
ojos. Risas.*) Relámete los labios, bachiller. Prueba
que eres de buena raza. (*Han comenzado a cortarle
al cerdo la papada, las orejas, etc., mientras baja.*) Así
parece un fraile mendicante, todo lleno de andrajos.
FRAY.—La Orden Jerónima, no es mendicante, don
Alonso. Trabajó con sus manos.
ALONSO.—(*Irónico.*) La orden más poderosa de
España ¿trabaja con sus manos?
FRAY.—(*Humillado.*) ¿He dicho «Trabajó»?
CAMACHA.—(*Sacando un entresijo.*) ¡El alma del
gorrino!
FRAY.—(*Aprovechando el pretexto.*) ¿A qué llamáis
el alma?
OLALLA.—A lo que va tapando el corazón. Como
en nosotros. (*A* CAMACHA.) ¿Mezclo esta sangre
con la otra?

ALONSO.—*(Riendo.)* En esta casa, no. Que cada uno apenque con la suya.

> *(Empiezan a sacar las vísceras: el mondongo gris oscuro casi verde, el menudo...)*

OLALLA.—Cómo humea, cuando se va la vida... *(Llora el niño. Echan agua hirviendo contra el cerdo abierto en canal.)* El corazón, los hígados, la asadura... *(Los echa en un lebrillo.)* La hiel, para los perros. Tírala, Mariveinte.

> *(MARIVEINTE la tira por la puerta y le da a MARCOS, que entra en ese momento empapado y que no se entera.)*

MARCOS.—Cayendillo, cayendillo. ¡Más bien...!
JUSTINA.—¡Padre! Lo que faltaba...
ALONSO.—Seca a ese viejo o se lo llevará Dios.

> *(JUSTINA empieza a secarlo. MARCOS se le escapa.)*

CAMACHA.—Cuelga el mondongo.
MARCOS.—*(Palpando a OLALLA.)* Este mondongo sí que está sabroso.
OLALLA.—Anda el viejo, se lo lleva el aire y aún quiere mondonguear. Si no tiene ya dientes...
MARCOS.—¿Y qué falta hacen dientes para ésto?

> *(Consiguen separarlo de OLALLA.)*

CAMACHA.—Dientes sí tiene, que el herrero se los puso fijos. Lo que pasa es que aún no se acostumbró a usarlos.
MARCOS.—*(Que se escapa, otra vez, por OLALLA.)* Qué mujer más pontificia es ésta. Con su pañuelico. Y sus cejas en arco, que hay que ver. Y los dientes parejos y tan blancos... Qué hijos había de hacerle.

JUSTINA.—Qué sabrás tú de hijos.

MARCOS.—¿Y tú, que mucho es que has podido sacar dos? Y sin ninguna gracia, pobrecitos.

ALONSO.—*(Aludido, a* JUSTINA.) Te dije que te fueras. El viejo viene mojado, pero verde.

MARCOS.—Lo que yo necesito son anteojos y nadie me los da. Por lo demás estoy como hace cincuenta años. Como en las primaveras de hace cincuenta años. Vais a ver...

(*Intenta dar una vuelta de campana y se cae como un muñeco roto.*)

FRAY.—*(Ayudándole a levantarse.)* ¿Pesan esos cincuenta años, abuelo?

MARCOS.—No son los años. No, señora: qué van a ser los años. Es que no es primavera todavía.

(*Llora el niño.*)

CAMACHA.—*(Con la vejiga en la mano.)* Vamos a rellenarla, que se distraiga el niño y nos deje tranquilos.

ESTEBANILLO.—*(Infantil todavía.)* ¡La pajarilla!

MARCOS.—Aquí tengo yo una que está deseando cantar, más bonica...

(CAMACHA *saca el entresijo.*)

ALONSO.—Trae la escoba, Justina, que a escobazos haré callar al viejo.

OLALLA.—*(A* ESTEBANILLO.) Hínchala ya.

JUSTINA.—*(Tensa.)* No te pongas eso en la boca, Estebanillo, hijo.

OLALLA.—¡Qué dengues! ¿Es que tienes todavía la leche de tu madre? Pues ya va siendo hora de escupirla... En la boca hay que ponerse de todo. Aunque me parece que tú no estás en edad de hinchar la vejiga de nadie: ya se te debe de hinchar a ti la tuya...

CAMACHA.—¡Huy éste! Éste se alegra ya de haber nacido. Lo juraría yo...

OLALLA.—Eso, la Mariveinte lo sabrá. Pregúnteselo a ella.

MARIVEINTE.—*(Sofocada.)* Callar, que la señora está rezando...

OLALLA.—Pues que rece por todos que buena falta hace... *(Golpea, con ira creciente, la vejiga contra la pared.)* Y por ella. ¡Y por ella! ¡Y por ella!... *(Como explicando.)* Así se estira más.

CAMACHA.—No des ahí, que asustas a la burra y me va a comer con tanto golpe...

ALONSO.—*(Jactancioso.)* Que celosonas son estas mujeres...

(Mirada fría de OLALLA.*)*

ESTEBANILLO.—Voy a hincharla con un fuelle de cañón...

OLALLA.—Yo no hago ascos. *(Se la pone en la boca. Sopla.)*

ESTEBANILLO.—Es que esta tarde pienso besar a una...

MARIVEINTE.—*(Saltando.)* Será si ella se deja.

ESTEBANILLO.—Si ni es a ti...

*(*ALONSO *ríe.)*

MARIVEINTE.—*(Descubierta.)* Mierdoso...

OLALLA.—*(Qué está poniéndose cada vez más nerviosa.)* ¿Nadie me ayuda? Con lo grande que podía ponerse... *(A* DOMINGO.*)* Dame una hebra.

CAMACHA.—Es muy chico ese agujero, mujer...

OLALLA.—Más que el tuyo, seguro. Después de veinte hijos...

DOMINGO.—*(Que trae una hebra para atar la vejiga.)* Vaya gana de juegos...

OLALLA.—*(Provocativa.)* ¿Y qué? Así es la vida... *(Por la vejiga.)* Hace un rato estaba en su sitio haciendo lo que tenía que hacer... *(Sopla.)* Si los tuvieras tú siquiera como esta zambombilla...

DOMINGO.—De ti dependerá...

ALONSO.—*(Que no quiere enterarse, pagándolo con los niños, que están en la ventana, a pescozones.)* ¡Basta! ¡Que incordiáis a la burra!

MARCOS.—*(A* FRAY.*)* Yo tengo setenta y tres años...

JUSTINA.—Tienes ochenta y cuatro. ¡Y déjanos en paz con tu ataúd!

MARCOS.—*(Desentendido.)* Antes todo el mundo me decía: cada vez te pareces más a tu padre... y ahora resulta que es que soy mi padre. (JUSTINA *le hace un gesto al* FRAILE *de comprensión.)* Desde que se acabaron las guerras, la gente se ha ido recuperando en vicios.

FRAY.—*(A* JUSTINA.*)* Tiene razón...

MARCOS.—*(A* JUSTINA.*)* Esta señora es fea, pero buena. Me gusta...

ALONSO.—*(Ríe. A* ESTEBANILLO.*)* A mudar los corderos que no pueden quedarse en el corral. Agua y limpiarlo, que luego tú te vistes de domingo y siempre estamos al cabo de la calle.

CAMACHA.—*(A* ESTEBAN.*)* Espera que me ponga yo primero el refajo, que siento escalofríos.

(Sale al corral.)

ALONSO.—No le enseñes el gurruño a la burra, que le darán cuartanas... *(A* FRAY.*)* Licencias de matanza... un resobrino mío se casó con una holandesa, si estaría loco, en este pueblo. Aquí mismo se celebró la boda. Y la holandesa, buenas carnes sí que tenía: la verdad, salió ahí a dar de cuerpo y le picó en el culo una gallina... es cierto... es cierto... *(Ríe.)* Desde entonces nunca salió al corral sin un puñao de trigo...

(ESTEBAN *aprovecha para meter mano a* MARIVEINTE.)

CAMACHA.—*(Que vuelve ya y lo ve, da un tortazo a* MARIVEINTE.) Las gallinas saben bien a quien pican... *(A* MARIVEINTE, *que hace pucheros.)* Alárgale las ganas, insensata. Por gusto que no toquen: que se pronuncien antes.

FRAY.—¿Cuándo vas a casarla?

CAMACHA.—*(Humilde.)* Cuando Dios quiera, padre... *(Desgarrada.)* Pero a este paso, en cuantico se me quede preñada.

OLALLA.—Entonces debió casarse ya, porque esa me parece que tiene la pelota en lo alto del tejado.

MARCOS.—*(A* FRAY, *que le huye por el descaro y la pertinacia en llamarle señora.)* A casa sucia, visita cierta, ¿no es verdad, buena mujer?

OLALLA.—Ayudar, todo el mundo a ayudar.

(Comienza el aseo del estrado.)

FRAY.—*(A* ALONSO.) Por la conversación, en vez de una matanza esto es como una boda...

OLALLA.—Mucho mejor, reverendo. Aquí no hay que cumplir con la novia... Y el cerdo, ya muerto, es más callao que el novio... *(Limpian las tripas. Por* JUSTINA.) Parece más un parto que una boda. Un mal parto...

CAMACHA.—*(A* OLALLA.) El agua hirviendo no, que se encallan las tripas.

MARCOS.—*(Cerca de* FRAY, *con su ataúd.)* Aquí estamos nosotros, viviendo a nuestro modo, ya lo ve la señora y pasando la vida de esta forma y volviéndonos viejos... No es hora de cambiar. Hay que esperar que escampe y eso es todo.

FRAY.—Qué manía le ha dado con llamarme señora, vaya por Dios.

ALONSO.—Que escampe, no. ¡Que llueva, que llueva!

MARCOS.—(*Entristecido.*) Dies irae, dies illa...

ESTEBAN.—Me voy con la tía Juana a borriquear un poco...

ALONSO.—¡Tú te vas a sacar a los corderos!

(*Lo lleva de una oreja.*)

CAMACHA.—(*Mientras lo sacan, por* ESTEBAN, *al* FRAILE.) Por eso, como es hijo solo —el hermano es tan chico y no creo que se logre— se pelean las mozas. Con esa cara de bujarrón que tiene... (*A* MARIVEINTE.) ¡A ver si te despiertas, so papona!

ALONSO.—(*Vuelve. Llora el niño más fuerte.*) Este niño no para. ¡Qué cruz!

CAMACHA.—Que el bachiller le eche un ojito, ama. (*Con la mala intención.*) El bachiller es como de la casa... (*A* FRAY.) Hace dos años un niño se secó y lo salvó el bachiller, que estaba. (*Lo imita, cojo.*) bailando en una boda. Tres ollas de agua se bebió, bien hervida. Con la mortaja preparada que estaba. «En cuanto tome la primera cucharada, se salva», dijo éste. Y así fue y así fue.

ALONSO.—Nuestra Señora de Guadalupe fue la que hizo el milagro.

CAMACHA.—Eso, sí. Pero quien mandó darle el agua fue el bachiller.

JUSTINA.—(*A* HERNANDO.) Pero, ¿es que va a morirse este hijo mío?

(HERNANDO *baja los ojos.*)

CAMACHA.—La envidia y el mal de ojo son muy malos, mi ama. A mí se me murieron dieciocho...

OLALLA.—(*Repentinamente rabiosa.*) ¡Yo nunca quise hijos! ¡Se mueren casi todos! Y los que no se mueren chillan mucho. Todos los animales hacen ruidos, pero el peor de todos es el grito de los niños: ¡Se ahogan de tanto como chillan!

ALONSO.—*(Le da una bofetada.* JUSTINA, *lo ha mirado ultrajada.)* ¡Es natural que una marrana, prefiera a los marranos!

CAMACHA.—*(Mediadora.)* ¡Hala, hala! Vamos a la cocina a lavar bien todo esto. Que más vale lavar que no tirar.

> *(Han puesto un palo abriendo el canal del cerdo, vacío y pálido, con las manchas oscuras de los riñones en el centro.)*

MARCOS.—Juntos vivimos, juntos luchamos, justo es que juntos descansemos.

OLALLA.—*(Mirando al cerdo, más tranquila.)* De nácar parece ahora, de nácar y de aljófar. Quién se lo iba a decir. Lo que limpia la muerte...

ALONSO.—*(Buscándola.)* Y ese par de riñones, ¿de qué parecen?, di.

OLALLA.—Son como los de un hombre que yo sé.

> *(Van a salir hacia la cocina.)*

MARCOS.—*(Despertando de su modorra.)* En la cocina no. ¡Yo quiero ver! En la cocina no...

ALONSO.—Lo que ahora viene es cosa de mujeres.

MARCOS.—¡Me cagüen san!

FRAY.—Don Marcos...

MARCOS.—¡Disimule, señora!

FRAY.—¡Y dale!

CAMACHA.—Ay, luego, de la olla, salen unas tazas de caldo, padre mío... Pa parir, no le digo más que eso. Dan ganas de parir con tal de beberse una.

ALONSO.—Después de veinte veces, ¿quieres seguir pariendo?

CAMACHA.—Otra más, otra más, otra más... es que si yo no como cuando mato, me duele toda el alma.

MARCOS.—(*Triscón.*) Como la Francisca te vas a poner, retegordona.

CAMACHA.—Yo tengo la carne más apretá. La Francisca está mucho más bastaca: como una yueca, toa blanca y pujá con los pollos... Toque, toque.

MARCOS.—(*Que toca.*) Es verdad. (*A* FRAY.) Sí, señora: es verdad. Venga, venga a tocar...

(*El* FRAY *huye.* MARCOS *toca los pechos.*)

CAMACHA.—(*Riendo.*) Ahí no, enlujuriado... Bebedero de patos lo que ayer fue cestillo de palomas, ay. Me las echo patrás y puedo ponerme a pregonar alforjas... ¡Qué me hace moretones el viejo calentorro!

FRAY.—Jesús, María y José.

ALONSO.—Anda, Camacha: ¡no metas la pata!

CAMACHA.—¡Qué voy a meter yo! Mi difunto Camacho era quien la metía...

ALONSO.—Tu difunto Camacho metía poco. Que lo mismo podrían llamarte la Avendaña o la Carriaza o la Coronela... De veinte padres, tuvo veinte hijos...

(*Tensión.* CAMACHA *traga el insulto.* OLALLA *retiene a* DOMINGO *que casi se abalanza.*)

CAMACHA.—¡A la cocina!

(*Sale seguida de los no importantes.*)

ALONSO.—(*Cuando va a salir* OLALLA.) Tú no comerás cerdo, ¿no Olalla? Porque tu religión...

OLALLA.—La religión nada tiene que ver con la comida. Comeré, sí señor. Si es que me dejan algo sus mercedes... Y aunque no me hubieran bautiza-

do, comería... Vosotros despreciáis las cosas de este
mundo, que bazofia, porque tenéis el otro: pero os
hartáis de cerdo mientras tanto. Quien se va a
condenar en la otra vida, ¿qué podrá hacer en ésta?
Bautizados o no, fornicar y comer: eso nos queda,
cuando nos queda algo... vosotros sois los hijos
de Dios: enhorabuena. Pero me gustaría a mí saber de qué demonio somos nosotros hijos.

(*Sale.*)

ALONSO.—(*A* FRAY.) Estos cristianos nuevos que
viven son de lengua... En el pueblo, ya lo veréis,
somos todos medio primos... Por las abuelas... Menos ellos, claro.
FRAY.—¿Quiénes son «ellos»?

(*Tono de reproche.*)

ALONSO.—(*Contundente, con la vara más agarrada
que nunca.*) Los que no son «nosotros» Fray Guzmán. Nosotros: los cristianos de siempre... (*Cambio.*)
Después de este garipío, echaremos un trago... hoy
se nos va a enfriar bien el gorrino... Cuando ano-
chezca, con una hachuela lo cuartearé... (*Mira alrededor.*) Entonces todo estará limpio otra vez, como
si no hubiera pasado nada...
MARCOS.—(*Sale musitando el «Dies irae», muy despacio, casi procesional.*)
ALONSO.—Qué generoso es Dios, que hizo el gorrino. Todo es provecho en él. ¡Bendito sea!
HERNANDO.—¿Dios o el gorrino?

(*Mirada de* ALONSO.)

FRAY.—Dios por crear el gorrino... y por permitir
(*¿Ironía?*) que los cristianos viejos —«nosotros»—
lo comamos.

ALONSO.—*(Sosegado.)* ¡Eso! Que si «ellos» no lo comen, mejor: a más cabemos.

(Risotada.)

FRAY.—Por todos estos dones, bendito sea el Señor...

> *(La luz se concentra un momento sobre el cerdo, que oscila. Luego desciende hasta la casa de OLALLA. Es una habitación mísera: una chimeneílla, un camastro, un pequeña mesa baja, una vela.*
> *Entra OLALLA con su juego de cuchillos envuelto en una bayeta. Va a encender lumbre. Duda. Lo deja. Se despoja de la toca, casi bufanda, que lleva. Se humedece con el agua de una palangana de cerámica la frente y el pelo. Saca del pecho una bolsita verde con una piedra dentro. Dispone sobre la mesa como un altarcillo: el agua, la vela, los accesorios a que hará referencia la oración.)*

OLALLA.—*(Haciendo un rito de bautizo.)* Piedra de imán, yo te bautizo en el nombre del Padre y del Hijo y del Espíritu Santo con el mismo poder que yo fui bautizada... Imán eres, imán serás y para mi fortuna, imán te llamarás. *(Se arrodilla.)* Hermosa y milagrosa piedra que a la Samaritana protegiste, a quien suerte y hechizo concediste; oro te pongo para mi tesoro; plata, para que me traigas la dicha colmada; cobre para que nada me falte y sí me sobre; coral, para que se me aparten la envidia y el mal; trigo, para que aquel que amo sea eternamente mío... Con limaduras de mi chaira *(Lima en efecto.)*... te alimentarás y lo que te suplico a cambio, me darás. *(Se posterna.)* Este cabo de vela que te

prendo, que arda en el nombre de Lázaro de Ayala,
si es que vive: al Santísimo Sacramento del Altar
ha alumbrado... Este agua, donde ver debo su rostro, es la del lavatorio de Jesús tras su Descendimien-
to... estos cinco granos de sal con las cinco llagas
del cirio pascual... (*Se santigua tres veces.*) Y en
esta fe te pido que consigas del Ángel de la Guarda,
de la Trinidad Santa y de San Marcos de León, que
hagan venir a Lázaro hasta mi puerta. (*Concen-
trada.*) ¡Lázaro de Ayala! ¡Lázaro de Ayala! ¡Lázaro
de Ayala!

> (*Oye chicharras y grillos. Mira la palan-
> gana con intensidad. Aparece* LÁZARO, *que
> estaba oculto, muy distinto al que se le
> apareció antes. Con ropas de caminante,
> polvorientas. Se acerca y la toca.*)

OLALLA.—(*Un grito. Se levanta.*) ¿Quién eres? ¡El
forastero! ¿Qué haces aquí? ¡Vete! Yo rezaba, rezaba... ¡Lo juro!

LÁZARO.—(*Gesto de silencio.*) Nadie sabe que he
vuelto... ¿Tanto habré envejecido que no me re-
conoces?

> (*Toma la vela. Se alumbra. Grito de* OLALLA,
> *casi desmayada.*)

OLALLA.—Aunque te hubieras muerto. Aunque
llevaras cien años debajo de la tierra...

> (*Se abraza desesperadamente a él.*)

LÁZARO.—(*Con su sonrisa leve y continua.*) Al otro
lado de la tierra he estado. (*Se desase. Se aleja.*) ¿No
me preguntas nada?

OLALLA.—¿Eres tú? ¿Estás aquí? ¿Qué más preguntas puedes hacer?

LÁZARO.—No sabes por qué he vuelto...

OLALLA.—A vengarse de todos. Pero eso no me importa...

> *(Se acerca.)*

LÁZARO.—*(Retrocede.)* Creí que te iba a asustar verme.

OLALLA.—Verte, no. Lo que me asusta es verte ahí. *(Lejos.)* Y no aquí.

> *(A su lado. Por hacer algo, temblando va a encender la lumbre.)*

LÁZARO.—¿No te alegras, Olalla?

> *(En todo el siguiente diálogo, el ruido de chicharras y grillos es a veces ensordecedor, a veces inaudible: Según los estados de ánimo y el recuerdo de* OLALLA.*)*

OLALLA.—Después de tantos años no sé si eres verdad... he hablado mucho sola...

LÁZARO.—Mírame bien.

> *(*OLALLA *no se vuelve.)*

OLALLA.—Santo Tomás necesitó meter su mano en la herida del corazón.

LÁZARO.—Dame algo de comer. Los fantasmas no comen.

> *(Ella se alegra. Retira los objetos de la mesa. Dispone pan y queso. Es otra.)*

OLALLA.—¿Vuelves en busca de lo tuyo?

LÁZARO.—Sí.

OLALLA.—*(Con intención.)* ¿De todo lo que fue

tuyo, Lázaro? (LÁZARO *sonríe, misterioso y triste.*)
¿Matarás a los Vargas? ¿Los matarás a todos o sólo
a don Alonso?

LÁZARO.—(*Elusivo.*) Tenemos que contarnos muchas cosas. He visto tantas que no sabré contarte...

OLALLA.—(*En su órbita.*) Vive en tu casa, labra
tus tierras, se casó con la que iba a ser tu esposa.
Tiene vara de Alcalde... Y yo, Lázaro, yo...

LÁZARO.—(*En lo suyo.*) No sé cómo empezar...

OLALLA.—(*En lo suyo.*) Es muy fácil: ve y mátalo. Yo te espero. En quince años no he hecho
otra cosa...

LÁZARO.—(*Mirando alrededor.*) Mientras tú estabas en este cuchitril yo he visto el Nuevo Mundo.
No se puede contar...

OLALLA.—Lo que yo he visto, sí. Penas. Dolor y
penas. Soledad y penas... Lo que tú me dejaste.

LÁZARO.—Para llegar a esto tenía que pasar lo
que ha pasado.

OLALLA.—Yo era una niña... Y ahora ¿qué?...
en los pajares, cuando tú me besabas, hasta la
paja ardía... No era yo remilgada y me moría por
tenerte encima, pero te exigí antes palabras de marido para que no creyeras... Tú no te acordarás...
(LÁZARO, *inmóvil, la mira como a una niña.*) Un día
de San Juan, ya no sé cómo, llegó de pronto mi
felicidad... Llegó para decir que no se quedaría.
(*Tierna, provocadora, malévola, cambiante en toda esta
escena, según el fin que busca en cada caso.*) Buen
trabajo te costó, a pesar del calor, romperme el
virgo... Eras muy delicado. Me besabas despacio,
como con miedo de que me rompiera...

LÁZARO.—Es que me daba miedo.

OLALLA.—¿Y te da todavía? (*Una tensión de espera
inútil.*) Eras distinto a todos los demás. Te quedabas
mirando las nubes que pasaban. «Pensando», me
decías: pensando en escaparte... Leías libros, tú
me leías libros en un pueblo como éste, donde

los curas dicen que Dios no sabe leer. Con uno me quede...

(Enseña un libro.)

LÁZARO.—Mi biblia.

OLALLA.—¡Pero te fuiste!

LÁZARO.—He recordado tanto tu sonrisa, tu boca que se abría después de besar, la oscuridad de tu alcoba en verano...

OLALLA.—Aquel solo verano...

LÁZARO.—... el olor de los lienzos que cubrían la fruta, el aire que ondeaba los trigos... En aquella inmensidad, he recordado las cosas más menudas de aquí; esas que, estando cerca, no se ven.

OLALLA.—*(Tierna.)* ¿Por qué te fuiste?

LÁZARO.—Te amaba, Olalla...

OLALLÁ.—*(Irónica.)* Ah, ¿fue por eso?

LÁZARO.—Eras hija y nieta de conversos, Olalla. Eres judía y yo cobarde, Olalla. Nuestros hijos...

OLALLA.—¿Qué hijos? *(Se golpea el vientre.)* Yo era judía, sí: tampoco era bueno para mí casarme con cristiano, ¿qué te crees?... Judía era y lo soy: en eso no he cambiado. ¡Pasarán miles de años, y a los ojos de todos, los judíos seguiremos siendo judíos aunque nos bautizasen dos veces por semana!... *(Cambio.)* Pero en las eras, al pie de las encinas nos quisimos, judía como era... Me dolía todo el cuerpo con el peso del tuyo; sin tu peso, me dolía más aún. Un verano duró. Y una noche —La vida no lo sabe, pero hay noches que no debieran terminarse nunca— «A las Indias», dijiste. Menudas Indias me dejaste a mí... Si vuelves porque crees que algo ha cambiado: yo... ¡Vete! ¡Vete, cobarde! (LÁZARO, *inmóvil, sonríe.)* Aunque algo sí ha cambiado: yo... ¿No se nota?

LÁZARO.—Eres una mujer...

OLALLA.—*(Niega, cerca de la lumbre, sin mirarlo.)*

Tú me diste palabra de casarte conmigo ¿sí o no?
(LAZARO *afirma*.) Yo era ya tu mujer: es el estilo
de los cristianos viejos. Por eso me tomaste, ¿sí
o no? (LÁZARO *afirma*.) ¿Sí o no?

LÁZARO.—Sí.

OLALLA.—Pues si no eres el fantasma de Lázaro,
que yo he tenido cerca tanto tiempo; si eres Lázaro
el verdadero, (*Le ofrece un cuchillo*.) ¡mátame!

LÁZARO.—(*Sin asombro*.) ¿Por qué?

OLALLA.—No necesitas saberlo, la verdad mata
siempre. Si eres el verdadero me matarás. Y esa
será la prueba de que no estoy soñando. (*Tira la
bolsa del imán*.) Maldita piedra imán, ¡que has hecho
medio milagro sólo!

(*Un sollozo rabioso*.)

LÁZARO.—(*Se acerca, como a una niña*.) Te diré
lo que he vivido y lo que he visto. Pero muy poco
a poco, porque tendré que inventarme las palabras.
Iba en busca de algo que he encontrado. He venido
a decírtelo.

OLALLA.—Me hablas de cosas que no me sirven.
Debes haberte vuelto loco para hablarme ¡a mí! así.

LÁZARO.—Del todo loco, no. Ni del todo sensato...
Las montañas no iban a mudarse de sitio porque
un hombre aquí se sintiera infeliz. Tuvo que ser el
infeliz quien se mudara.

OLALLA.—No entiendo nada... ¡Llegaste esta mañana y aún no has matado a nadie!

LÁZARO.—¿Matar?

OLALLA.—Aquí dicen: «si sabe razonar es que es
judío». Pero no voy a razonar. Óyeme. Yo no
tengo que inventar palabras para contarte lo que
ha sido de mí estos quince años. A los dos meses
de irte, el rey mandaba a Portugal unos soldados...

LÁZARO.—¿Qué rey?

OLALLA.—¡Qué sé yo! ¡Uno! El que estuviera. Da

igual: el rey... Teníamos la obligación de darles hospedaje... A media noche, me sacaron a rastras de mi alcoba.

LÁZARO.—¿Lo mandó el capitán?

OLALLA.—(*Ríe.*) El capitán fue quien ahorcó a mi padre por herir al soldado.

LÁZARO.—(*Un temblor.*) ¿Te forzó a ti un soldado?

OLALLA.—(*Cruel.*) ¡Me forzó...! Estábamos a oscuras, hijo mío, no sé si me forzó él a mí o lo forcé yo a él: ¡Nos acostamos!... Me empujó hasta el establo. Gruñían los cerdos y olía mal. Nos pasamos la noche dale que te pego —me entiendes—: yo no invento palabras... Al amanecer... mi padre entró y me defendió... ¿De qué me defendía? (*Lenta.*) Cuando ahorcaron a mi padre, el converso; cuando siguió la tropa, pude echarme a dormir... Nunca había dormido mejor. Tu amor no me dejaba: era una sed que no se me iba... El del soldado, no: me lo bebí y en paz. No le vi ni la cara... por eso dormí bien. Huérfana y ya sin nada que perder, qué bien dormí aquel día... (*Venenosa.*) Después he vuelto a dormir lo mismo muchas noches... (LÁZARO *acusa el golpe levemente.*) La verdad mata ¿no? (*En un arranque.*) ¡Pues mátame! (*Veloz.*) Yo era tu mujer; tú, mi marido. Te he deshonrado. ¡Mátame! ¿O es que los judíos ni tenemos honor ni lo quitamos? Tú y yo sabemos que yo sí lo tenía...

LÁZARO.—(*Dulce, manso.*) Vengo del Paraíso, Olalla... Allí no existe el miedo, ni el honor, ni el poder... (*Muy cerca.*) Lo que tú tienes dentro y nadie te lo dio, ¿quién va a poder quitártelo?

OLALLA.—(*Sorprendida dolorosamente.*) Entonces, ¿no me matas? (*Necesita apoyar su decepción en algo.*) Son míos los cuchillos. Los he comprado yo. Me hice ayudanta de la matancera... (*Sonríe muy triste, mientras* LÁZARO *la mira fijamente.*) Judía y matancera, ya ves... Cuando se muera la Camacha, ojalá sea mañana, seré yo la que tenga mi ayudanta...

¿Qué querías que hiciera, Lázaro: dímelo? Porque yo no sabía qué tenía que hacer. Sin ti ya... (*Es una niña.*) No me mires así. Dímelo. Con lo que me dejaron de mi padre no me alcanzó ni a la Pascua Florida... (*Muy bajo.*) Y en el pueblo sabían que yo no era de nadie. El Mayor de los Vargas...

LÁZARO.—Alonso... (OLALLA *afirma.*) Su padre fue quien denunció a mi padre cuando la rebelión de las Comunidades. (OLALLA *afirma.*) Los Vargas nos quitaron hasta el nombre. Por ellos me fui yo...

OLALLA.—Antes dijiste que por mí...

LÁZARO.—Yo no quería malvivir aquí. Tenía veinte años. Y quería vivir.

OLALLA.—(*Brava de nuevo.*) Yo tenía dieciocho. ¡Y Alonso Vargas unos pocos más!

LÁZARO.—(*Lento.*) Olalla ¿qué me quitó además Alonso Vargas?

OLALLA.—(*Va creciéndose.*) De matar en su casa vengo ahora... La casa es ahora suya. Yo, también... Soy de todos, pero por él siempre me he sentido dominada. Me toma por las bravas, no como tú; cuando le entra la gana de tomarme. No me abraza: me clava... La primera vez, lloré pensando en ti porque había gozado... (*Mintiendo, desafiando.*) Luego, ya, no. Hay una edad en que gusta el amor de los ojos en blanco y otra en que gusta más el amor a oscuras... Yo no estoy en edad de avergonzarme... (*En un grito.*) ¡Mátame de una vez!

LÁZARO.—(*Quitándole el cuchillo con delicadeza.*) Vas a cortarte, Olalla...

OLALLA.—(*Enternecida de nuevo.*) Si me hubieras dejado un hijo por lo menos. Alguien que tuviera que sentirse orgulloso de mí... Pero, nada. (*Triste.*) No soy ya nada tuyo. Soy Olalla, la judía, que se toma y se deja... Por eso no me matas. Mata el amor y tú ya no lo sientes... (*Implorante.*) Lázaro, si te acuerdas de que cuando me preguntaste: «¿te hago daño?», te contesté riendo: «Claro que sí, no faltaría más: es mi daño el que me haces»... si te acuerdas... ¡mátame! Yo sé que no manché tu honor, que tu promesa fue una burla, que me tomaste y me dejaste igual que han hecho tantos detrás de ti... ¡Por piedad, mátame! No te costará apenas trabajo... (*Arrancándose casi las lágrimas.*) Al verme desangrada el pueblo entero comprenderá que tú has llegado, que yo he tenido un verdadero dueño durante tantos años. Tengo derecho a eso. ¡Mátame! Mátame de una vez antes de que me muera. ¿No ves que estoy muriéndome?

LÁZARO.—(*Serenamente.*) Ni la verdad, ni el amor, ni la piedad sirven para matar, Olalla, sino para hacernos libres.

OLALLA.—(*Con una risa mala.*) ¡Libres! ¡Aquí! ¡Libres!

ESTEBANILLO.—(*Desde fuera.*) ¡Olalla!

OLALLA.—¿Qué? Entra.

ESTEBANILLO.—(*Entrando, al ver a* LÁZARO.) Creí que estabas sola...

OLALLA.—(*Sin mirarlo.*) Como si lo estuviera... (LÁZARO *calla. Por* ESTEBANILLO.) ¿Sabes quién es? Estebanillo, el hijo de tu enemigo Alonso Vargas.

ESTEBANILLO.—Creí que estabas sola...

OLALLA.—Te digo que como si lo estuviera. ¿No lo ves?

ESTEBANILLO.—Mi padre me había dicho...

OLALLA.—(*Siempre a* LÁZARO.) Lo sé. ¿Sabes lo que su padre le habrá dicho? «Hoy es fiesta en la casa. Hoy es fiesta en toda la cristiandad, porque en mi casa se ha matado el cerdo. Tú tienes ya catorce años...» O quince. ¿Cuántos tienes Esteban? (*El niño va a contestar, ella continúa.*) No importa... «Tienes los años necesarios para saber que la vida es un don de Dios que administran los hombres. Nosotros, los cristianos viejos, hijos y nietos de cristianos viejos, somos los encargados de quitarla a los otros. Pero también de darla a otros cristianos

viejos, que serán a su vez hijos y nietos de cristianos viejos. Vete a casa de Olalla y dile a esa judía
que yo te mando para que te enseñe cómo se hace
eso de dar la vida.» Y después, riendo a carcajadas
y mirando al bachiller, habrá añadido: «Pero con
tiento, que no llegue al final, que yo no quiero nietos con sangre de judía.» (*A* ESTEBANILLO.) ¿Te ha
dicho eso tu padre? ¿Te lo ha dicho? ¡Contesta!

ESTEBANILLO.—(*Impresionado.*) Sí, señora.

OLALLA.—No me llames señora. No lo soy. (*A*
LÁZARO.) Para esto sirve Olalla... Ahora tienes la
cara más encendida, Lázaro. (*A* ESTEBANILLO.) Vamos, Estebanillo, a trabajar. Acércate. (*A* LÁZARO.)
Tú, vete. No debiste volver. ¡Sal afuera! «Lázaro,
sal afuera.» Como en los Evangelios de los cristianos viejos... No, la vida no es buena. Ni necesaria. Necesario es vivir, cuando se está ya vivo,
como sea. Pero la vida es un cochino error. Esteban,
esto es lo primero que tienes que aprender: No se
debe traer gente nueva a esta trampa... ¡Acércate!
¿Te gusta Mariveinte? (ESTEBANILLO *baja la cabeza.*
Ella se la levanta por la barbilla.) ¿Te gusta? Di...
(*Aludiendo a su propia historia.*) Cuando ella anda,
tú te la figuras desnuda debajo de la falda. Cuando
ríe, la miras y te quedas, con tu cara de tonto,
sonriendo. Cuando la rozas, tienes que respirar hondo. Y después, al quedarte solo, sientes ganas de
cortar árboles, de matar un lobo a puñadas o de
ser rey para que ella sea reina... Todas íbamos a ser
reinas... Estás enamorado, Estebanillo: así se llaman
esas tonterías... Pronto un día cualquiera, te encontrarás casi a oscuras con Mariveinte. Así sucede
siempre. La Camacha se hará la distraída, para eso
están las madres, o cerrará los ojos y fingirá que
duerme... Tú habrás de aprovechar ese momento
y quitarle lo único que tiene a la persona que más
quieres del mundo. Siempre sucede así... Lo que
viene después también sucede siempre de la misma

Conchita Velasco, Manuel Dicenta y Jesús Puente en una escena del estreno
en el Teatro de la Comedia, el 19 de septiembre de 1974.

manera. Y después de quince años, también sucede
igual... ¡Llamar vida a esta noria!... *(Cambio de
tono.)* Tú le pondrás la mano en la cintura. Ella
estará de espaldas, descuidada. Hazlo. (ESTEBANILLO
va a obedecerla con la mano derecha.) La otra mano:
esa no. Esa la usarás para otras cosas. Dame la
vuelta. (ESTEBAN *obedece.)* ¿Ves? Ya estamos frente
a frente. *(Por encima del hombro de* ESTEBANILLO *mira
a* LÁZARO, *que juguetea con los cuchillos. A* LÁZARO.)
Ten cuidado, que cortan. La sangre está deseando
saltar. *(A* ESTEBAN.) Apriétame. Yo me resisto un
poco... No, no tanto: A Mariveinte también le gustas tú. O le gusta lo que en ese instante serás tú.
Un brazo en su cintura. Ella estará entera agazapada
ahí... Dame un beso en la boca... ¡Un beso!

ESTEBANILLO.—Pero delante de ese hombre...

OLALLA.—No hay ningún hombre aquí. Tú eres
el hombre... Un beso... No, así no. Abre la boca...
Con la mano derecha —no dejes de besarme—
ábreme la pechera. Muy despacio, que yo no me dé
cuenta. Ninguna nos queremos dar cuenta de lo
que está pasando... Acaricia. Acaricia. Acaricia...
Muérdeme ahora los labios... No tan fuerte: la sangre está deseando saltar... Apenas te sostienes. Ya
te tiemblan las piernas. A ella también le temblarán
y sentirá una prisa en el sitio en que se le terminan.
Recuéstala. Si se resiste, oblígala. Porque no se
resiste de verdad: lo que busca es probarte... Llé-
vame hacia la cama y dóblame. *(Lo hace.)* Cuando
los dos estéis tendidos juntos se te olvidará todo:
mejor es no enseñarte... Cada cuerpo sabe pedir y
responder: el de ella y el tuyo y el de un perro. Pero
no tengas prisa: a esto hay que darle su medida
y su tiempo... ¡Su tiempo! *(Un sollozo.)* ¡Qué desdicha!

ESTEBANILLO.—Sigue, Olalla. Vamos, vamos...

OLALLA.—*(Después de un forcejeo.)* Suéltame. Yo
no soy Mariveinte.

OLALLA.—¿La amaste como a mí? ¿La amaste como a mí y la dejaste luego sin nada como a mí?

ESTEBANILLO.—*(Estrechándola.)* Te quiero a ti.

OLALLA.—Quita esas puercas manos. *(Lo abofetea.)* ¡Fuera! ¡Fuera! *(Toma un cuchillo de manos de* LÁZARO.*)* ¡Fuera! *(Huye* ESTEBANILLO. *A gritos.)* Dile a tu padre que me he muerto, que a Olalla la judía te la encontraste muerta... Y que, en vez de enseñarte la manera de amar, te enseñó la manera de morir. *(Va a clavarse el cuchillo ella misma.* LÁZARO, *con serenidad, se acerca, se lo arrebata, lo deja junto a los otros. Abraza a* OLALLA. *Ella llora convulsamente.* LÁZARO *saca de algún sitio unas joyas de oro. Le ciñe un collar.* OLALLA, *sorprendida, va calmándose. Como una niña.)* ¿Qué es esto?

LÁZARO.—Joyas de una princesa que traje para ti.

OLALLA.—Oro... Encima de estos harapos, el oro de las Indias. *(Una risa triste.)* ¿Te lo dio ella o la mataste tú para quitárselo?

LÁZARO.—Me lo dio.

OLALLA.—¿La amaste como a mí? ¿La amaste como a mí y la dejaste luego sin nada como a mí? *(Tensa.)* ¡Quítame los harapos y ponme el oro encima de la carne! *(*LÁZARO *permanece inmóvil.)* ¿Por qué has vuelto?

LÁZARO.—En tu busca.

OLALLA.—Aquí no hay más que barro. Nada es posible... Sí, una sola cosa. Dámela, Lázaro... *(Paladeando.)* Lázaro... Lázaro... Ven. *(Intenta llevarlo hacia el camastro.)* Aunque repitas las mentiras de entonces, aunque me dures menos todavía... Después te vas... Pero una vez, la última... No digas nada si no quieres. Tiéndete sobre mí. Yo lo haré todo: estoy acostumbrada...

(Está tumbada en la cama.)

LÁZARO.—No puede ser, Olalla.

OLALLA.—¡Tan sucia estoy que ni para esto sirvo!... ¡Úsame, Lázaro! No seas precisamente tú el único que no quieras usarme...

LÁZARO.—(*Sentado en la cama, acariciándole el pelo.*)
No puede ser, Olalla.

OLALLA.—(*Retrocediendo hasta sentarse en la cama.*)
¿Por qué no puede ser? Sólo pido una cosa que he
dado muchas veces. Una cosa sencilla. Para que
tenga una razón haber nacido y haber sufrido tanto...

LÁZARO.—Ya no te podré querer nunca de esa
manera, Olalla...

OLALLA.—¡Nunca! Y estás aquí tocándome la
cara... ¡Nunca! Y has vuelto cuando ya estaba
hecha a estar sin ti... Es un castigo demasiado grande. Ahora que tú has llegado he de cerrar los ojos...
Si hay Dios, no es padre nuestro... ¿Nunca?

LÁZARO.—Nunca... En un país que se llama Nueva
España: me hirieron...

OLALLA.—(*Volcándolo sobre la cama, recorriéndolo.*)
No veo las heridas... ¿Dónde?

LÁZARO.—(*De pie.*) Nunca podré quererte ya de
esa manera.

OLALLA.—(*Que comprende por fin, casi ríe, casi aúlla.*)
¿A qué has venido entonces a esta casa donde los
hombres vienen sólo a eso?

LÁZARO.—A quererte de todas las demás maneras.
Hay muchas... A cumplir la palabra que te di...
A casarme contigo si tu quieres, Olalla.

> (*El llanto de* OLALLA *se hace enorme como
> la tierra. Cae de rodillas, ante* LÁZARO,
> *hecha un ovillo. Mientras se desgarra las
> las ropas grita.*)

OLALLA.—¡No! ¡No! ¡No! ¡No!...

> (LÁZARO *acaricia su cabeza.*)

TELÓN

SEGUNDA PARTE

(*Casa de* ALONSO VARGAS. JUSTINA *sola, pensativa junto a la cuna de su hijo.* HERNANDO *aparece y mira si hay alguien en la estancia.*)

HERNANDO.—(*En voz baja.*) Justina... Justina... (*Ella levanta desganada la cabeza.*) ¿Qué te pasa?

JUSTINA.—(*Un tanto vaga como siempre.*) El niño... Está enfermo... Es un castigo.

HERNANDO.—Un castigo, ¿por qué? (JUSTINA, *lo mira fijamente.*) Te lo he dicho cien veces: esa no es la razón.

JUSTINA.—Yo creo que alguien lo sospecha.

HERNANDO.—¿Tú ves? Eso es peor. (*Justificándose ante la mirada de reproche de* JUSTINA.) Los otros no entenderían lo que tú y yo sí que entendemos... (*Cauteloso.*) ¿Tu marido?

JUSTINA.—En el Concejo.

HERNANDO.—Ya lo sé... pero, ¿te ha dicho algo?

JUSTINA.—A Alonso no se lè ocurriría ni siquiera pensar que un hijo mío pudiera ser de otro.

HERNANDO.—Pues si cada ducado se fuese con su dueño y cada hijo con su padre, vaya un lío que se armaba.

JUSTINA.—(*Desinteresada.*) ¿Qué dices?

HERNANDO.—No olvides que nuestro amor es pura religión y por tanto ese niño es una consecuencia de la divina voluntad.

JUSTINA.—Tanto me lo repito que ya no me lo creo... Y ahora que Lázaro ha venido...

HERNANDO.—Ese es el pecado: Lázaro. Tu propia voluntad, no la de Dios. Si tú coges este escabel, Justina, y lo cambias de sitio por propia voluntad, estás pecando. Si tu amas a tu hijo... bueno, a nuestro hijo... con amor natural, estás pecando. Porque los enemigos no son Dios y el demonio, son Dios y el hombre: la voluntad humana, por muy buena que sea, está en contra de Dios.

JUSTINA.—Entonces todo es pecar aquí.

HERNANDO.—Para nosotros, los que estamos en la verdad, nada es pecar. Cuando la Providencia me trajo a este poblacho, ¿no estabas tú a punto de enloquecer como tu padre? ¿No te salvé yo de eso? Tu marido te tenía olvidada...

JUSTINA.—Peor: me besaba con el ceño fruncido, como al acecho de lo que yo hacía. Yo me quedaba rígida, sin casi respirar, hasta ahogarme y perder el sentido.

HERNANDO.—Porque él estaba embebecido en Olalla la judía... y tú te flagelabas, ayunabas, dormías en una tabla, te ponías cilicios... (*Le estaba acariciando el cuerpo.*) Así ha sido aquí todo desde hace mucho: pagar unos las culpas de los otros... Y aparecí yo, cojo, poco agraciado... ¿o no?... y te dije: «Justina, tú que eres santa, debías ser más santa aún. Santa en el mismo espíritu.» Aspirar a esa altura es como estar cautivo junto a los ríos de Babilonia...

JUSTINA.—(*Interrumpiéndolo sin saberlo.*) ¿Cómo salir de esta cautividad?

HERNANDO.—Apelando al amor, cordera...

JUSTINA.—Pero el amor cristiano...

HERNANDO.—El amor cristiano, después de mil quinientos años, se ha convertido en muchas cosas. ¿Qué sabe Roma de nosotros? «Ama y haz lo que quieras», dice Lutero. ¿Y qué sabe Alemania de nosotros? Ama y el amor te dirá lo que tienes que hacer: «Ahí está el quid.» Tú y yo nos vimos, nos amamos, no por voluntad propia, sino por la de Dios.

JUSTINA.—Sin embargo, Lázaro...

HERNANDO.—Que le den morcilla a Lázaro, Justina, eso es voluntad propia. Yo no soy alto, ni gallardo, ni fuerte... ¿o tú me encuentras fuerte?, y me amaste. ¡Por voluntad de Dios! Tú y yo estamos iluminados por Él, los únicos en este inmundo pueblo.

JUSTINA.—¿Y el sexto mandamiento?

HERNANDO.—No hay más que un mandamiento: amar. (*La acaricia.*) El amor de Dios dentro de nuestro corazón es Dios, Justina. Déjate de escrúpulos, abandónate, no le desobedezcas. Y así no pecarás. Ni tú ni yo podemos equivocarnos, ¿es que no te das cuenta?, porque no hay intención, no tenemos deseos personales...

JUSTINA.—¿No tenemos deseos?

HERNANDO.—... seguimos los mandatos del amor interior...

JUSTINA.—Las tentaciones, los malos pensamientos...

HERNANDO.—Palabras inventadas por los frailes para que, en penitencia, los ricos les llenen los conventos y los pobres les trabajen sin cobrar. Esas que llaman tentaciones, no deben rechazarse, sino abrazarlas y tomarlas por carga lo mismo que una cruz. Si ya lo dijo San Pablo: «Allí, donde está mi debilidad, allí tengo mi fuerza.» ¿Qué hacías tú con tanta disciplina, tanta maceración del cuerpo y tanta zarandaja? Avinagrarte, envejecer este vaso del Espíritu Santo y robustecer tu propia voluntad. «Qué fuerte soy», decías: «venzo las tentaciones». Y estabas orgullosa. Pecando, y orgullosa de pecar. (*Llora* JUSTINA.) Los que se esfuerzan en rechazar la tentación son como los que «lapidem quem reprovaverunt hic factus est in caput anguli».

JUSTINA.—Dilo en cristiano, Hernando.

HERNANDO.—Pues, hija, más en cristiano que te lo estoy diciendo... Son como los constructores que rechazaron la piedra fundamental. O séase, el amor: La medida de todas las cosas.

JUSTINA.—Pero, ¿el amor carnal?

HERNANDO.—Estás obsesionada por la carne, Justina. Qué tozuda. Creí que ya estabas curada. El amor no es carnal. La carnal es la carne. Y la carne, este cuerpo. (*La acaricia.*) No es capaz de pecar. Desprécialo. Dale lo que te pide y que se calle, como se le da a un perro que ladra una piedra y él la muerde creyendo que es pan duro. Si tu amor de Dios coincide con mi amor de Dios, vamos juntos al éxtasis, Justina. Así daremos la mayor gloria que la naturaleza puede dar a quien la hizo.

(*Se besan. El niño llora. Entra la* CAMACHA. HERNANDO *y* JUSTINA *intentan disimular.*)

CAMACHA.—(*Con retranca.*) Pensé que el niño estaba solo... En esta casa siempre hay alguien que llora. Yo no hago más que oír llorar a alguien... (*Busca algo entre las ropas del niño.*) Cómo no va a llorar el angelito, si no tiene las nóminas. Doce nóminas me dio no hará ni un mes la priora de las Bernardas: no quedan más que dos. (*Por* HERNANDO.) En cuanto me descuido, el diablo le arranca las bernardas, digo las nóminas al niño. Acabará muriéndose. Asesinado, por supuesto. Pero vamos a ver quien puede más: el diablo o yo. Claro que el diablo, cuando es cojo, corre más que los otros.

(*Llora* JUSTINA.)

HERNANDO.—En dejar morir hijos tú tienes experiencia: se te han muerto dieciocho.

CAMACHA.—Dios me los dio. Dios me los quitó.

(Se santigua.) En la época de la berenjena se pierde la melena. Lo que el santo Job dijo.

HERNANDO.—Tú cita, cita el Antiguo Testamento y un día la Inquisición te pondrá una cruz verde.

CAMACHA.—Dios me perdone. *(Se santigua.)* Cristiana vieja soy y puedo demostrar que mucho antes de que alguno se partiera la pata, mis retatarabuelos comían cerdo, bebían vino —menudos borrachones— y escardaban la tierra. Ninguno de ellos era contador, como otros, ni sabía latines, ni estudió en Salamanca. De modo y manera que detenga su lengua el señor bachiller, no sea que con la pringue de la matanza de ayer nos empringuemos todos.

JUSTINA.—Camacha, deja ya...

CAMACHA.—Sí, lo sé, y siempre lo he sabido: aquí es mejor callar. Pasarse la vida en un rincón callando, y que la muerte venga y te devore sin que se entere nadie.

JUSTINA.—¿Viste a Lázaro? (CAMACHA *afirma enfadada.)* ¿Y le diste el recado de tu amo? *(Mismo juego.)* ¿Qué te dijo?

CAMACHA.—Que vendrá al mediodía. Éramos pocos y parió la abuela.

JUSTINA.—*(Inquieta.)* ¿Falta mucho?

CAMACHA.—¿Para qué? ¿Para que el niño se muera de una vez, para que yo me harte y me ponga a chillar o para que se oreen del todo los chorizos?

JUSTINA.—Para el mediodía.

CAMACHA.—Qué sé yo. Darán las doce y entonces ya no faltará mucho.

HERNANDO.—Voy al Concejo por si don Alonso precisa algo de mí.

CAMACHA.—¡Huy, don Alonso! ¡Qué refinado con el tratamiento! Algo sí que precisará del bachiller, pero no que le ahorre tanto trabajo como le ahorra ahora. Hay trabajos que no puede hacer nadie por uno, por muy alcalde que uno sea, sin que le crezcan cuernos.

HERNANDO.—Me voy por no matar a esta mujer.

(Sale airado.)

CAMACHA.—¡Me cago en el alma de tu último muerto!

(Tensión. Mira a JUSTINA.)

JUSTINA.—¡Qué me miras!

CAMACHA.—A ver si a fuerza de mirarte entiendo cómo se puede ser tan tonta.

JUSTINA.—¿Por qué?

CAMACHA.—Eso: hazte más tonta de lo que eres. En la mujer está, como en un relicario, como en una de estas nóminas, gran parte de la honra del marido; la mejor parte, porque es la que más ven los otros.

JUSTINA.—¿A qué me dices eso?

CAMACHA.—¡Ya tú lo sabes! La mujer debe dar gusto a su marido mientras viva, quiera o no, la satisfaga o no, tenga ganas o no. Yo lo he hecho siempre, desde que, para casarme, me vestí de paño pardo. Y en eso consiste ser honrada.

JUSTINA.—(Nerviosa.) Yo lo soy. A mis ojos soy honrada.

CAMACHA.—La honra no te la dan tus ojos. Te la dan, o te la quitan, precisamente todos los demás ojos. Por eso, en cosas de honra, vale más el parecer que el ser. Los hombres muestran aquí su hombría matando toros o matando a sus mujeres. Tenemos que ser listas. Esta tierra siempre fue así y ningún bachiller, por muy cojo que sea, va a cambiarla.

JUSTINA.—¿Y qué tiene que ver el bachiller Hernando con mi honra?

CAMACHA.—Con tu honra, no lo sé. Con esto. (Por el niño que tiene en brazos.) Sí... Ay, una fortuna lleva gastada tu marido en misas por este niño, que ni siquiera es suyo. Así no le aprovechan...

JUSTINA.—*(Cruzándole la cara.)* ¡Vieja puta!

(El niño llora.)

CAMACHA.—Vieja soy. Puta, alguna vez lo fui. Pero es difícil ser las dos cosas al tiempo: los hombres no son tontos... si a quien por tu bien mira lo abofeteas, ¿qué harás con quien te vende? *(Cruza* MARCOS *con su ataúd y su «Dies irae».)* Ya está el abuelo con sus responsorios: que casa ésta... Toma a tu hijo y mécelo tú misma... Nieto mío pudiste ser, lechón: más recio y con más sangre te verías.

JUSTINA.—¿Qué dices «nieto tuyo»?

CAMACHA.—¿Es que no tengo un hijo de veinte años? Es que, desde que tuvo quince, ¿no lo mirabas tú piernas arriba?, ¿es que por guardar cerdos se estropea el empuje de los machos?

JUSTINA.—Ese bruto...

CAMACHA.—Los brutos, los mejores: lo sabré yo... Cuando te dio beata y te pusiste verde como una acelga, te hubiera yo traído a mi Domingo, que él solo vale lo que toda una semana, y en tres noches te hubiera puesto lo mismo que una rosa... En lo que atañe al gusto ha de mediar el gusto. Y tú fuiste a caer con el peor de todos, con el más feo, hija. Para eso, más te hubiera valido acostarte conmigo...

JUSTINA.—Qué sabrás tú de las cosas del amor y del alma.

CAMACHA.—De eso nada. Ni ganas. Sé las cosas del cuerpo. Y la noche oscura que tú estabas pasando, que estás pasando aún, no es del alma: es del cuerpo. Y para ésa no hay más sol que un mozo de veinte años que te tumbe y te cruja, y que salgas de abajo de él mordida y destrozada. Que hoce en ti, de abajo arriba, lo mismito que un cerdo en un dorcajo.

JUSTINA.—*(Con las manos en los pechos.)* Calla, Lázaro va a venir...

CAMACHA.—Tu prometido... *(Pedorreta.)* Un hombre, que te coma los labios cuando quieras defenderte y te lleve volando del paraíso. *(Se santigua.)* Al paraíso terrenal, del otro yo no hablo.

JUSTINA.—*(Agotada.)* ¡Cállate!

CAMACHA.—Ya estoy callada... la buena comida se ha hecho para quien tiene hambre y buen diente...

JUSTINA.—Va a venir Lázaro...

CAMACHA.—Mientras tu marido se agotaba sobre Olalla, mi hijo te hubiera hecho veinte veces feliz sin perder el compás. Él es como Dios manda: tampoco sabe una palabra de las cosas del alma. Para eso están los curas y los frailes. Para eso se les paga: a cada cual lo suyo. Y lo de un hombre sano y hermoso de veinte años, ya se sabe lo que es. *(JUSTINA se tapa los oídos.)* Que sí, que estoy callada. ¿Es que he dicho yo algo? *(Mece al niño. Se santigua.)* Detente, detente, ponzoña maligna como se detuvo Dios nueve meses en el vientre de su Santísima Madre. *(Cruz sobre el niño, que repite en cada invocación.)* Detente, detente, ponzoña maligna como se detuvo Dios en el huerto de Getsemaní sudando sangre a chorros. Detente, detente, ponzoña maligna como se detuvo Dios en el Árbol de la Cruz, con San Pablo, San Benito y Jesús, María y José. Amén... Ahora hay que rezar tres credos, pero no tengo tiempo.

JUSTINA.—La oración ha de ser mental: lo otro es paganismo.

CAMACHA.—La oración ha de ser como a cada uno le salga del cipote. Arreglados estaríamos si no fuese Dios fino de oído... ¿Te acordarás de lo que te he dicho de mi hijo? Por que una ayuda para corresponder, ya nos darías. ¡Ay! Si tuviera un buen traje negro me gustaría morirme algunas veces. Sin ver nada: ni Cáceres ni nada. Y mira que lo siento, que siempre fui curiosa. Pero me gustaría morirme.

No me vaya a pasar lo que a mi madre, que tuvo
que matarla mi marido porque no se moría... Lo
que pasa es que quien se muere, dime tú a mí, hija
mía, quien se muere sin un buen traje negro. ¡Ay!
(Suena una campana.) El ángelus. *(Se arrodilla.)* ¿No
te postras?

JUSTINA.—*(A punto de un ataque.)* Lázaro va a
llegar...

CAMACHA.—*(Con una cruz en la mano.)* Gloriosa
cruz de Caravaca, que ahuyentas el mal y traes el
bienestar, no permitas que en mi casa falte nunca
tu asistencia, tu divina providencia se extienda en
cada momento para que nunca nos falte techo,
vestido y sustento. Y que el poder de este talismán
me acompañe sin cesar. Que salga el mal y entre
el bien como entró Jesucristo en Jerusalem. Amén.

(Se levanta con mucho trabajo.)

CAMACHA.—¡Ay!

MARIVEINTE.—*(Que entra corriendo.)* Madre, el ángelus.

CAMACHA.—¿Otra vez? ¡Si ya estuvo! ¡Arrodíllate!
Con razón te pusimos Mariveinte...

JUSTINA.—*(En su obsesión.)* Lázaro va a llegar...

CAMACHA.—*(A* MARIVEINTE.) Como sigas así te
darás cuènta de que te han deshonrado al parir
el cuarto hijo. ¡Jesús!

MARIVEINTE.—*(De rodillas.)* El ángel del Señor anun-
ció a María...

(Entra LÁZARO. JUSTINA *va electrizada hacia
él, temblando. Las otras la miran.)*

JUSTINA.—*(Transfigurada, en un susurro.)* Soy Justina. ¿Te acuerdas de Justina? (LÁZARO *afirma sonriendo muy levemente.)* ¡Alabado sea Dios! *(Se santigua sin dejar de mirar a* LÁZARO.) Y ella concibió

por obra y gracia del Espíritu Santo. He aquí la
esclava del Señor: hágase en mí según su palabra...
Lázaro... Lázaro...

> (*Quiere continuar, pero cae desmayada en
> brazos de la* CAMACHA *y su hija.* LÁZARO
> *no se ha inmutado.*)

O S C U R O

> (*Vuelve la luz sobre la misma casa. Hay
> un aire patriarcal, seguro e instalado. Re-
> cién se han levantado los manteles del
> almuerzo. Todos los personajes, menos* OLA-
> lla, *ordenados por su clase social y por su
> edad. En el centro,* LÁZARO.)

ALONSO.—(*Con su vara, muy superior.*) Si al Reverendo le parece, ya puede el hijo pródigo hablarnos
de esas Indias: estamos impacientes. He querido
darte la bienvenida aquí, con mi esposa y mis hijos,
en mi casa, delante de mi gente, según la usanza de
la hospitalidad que todos respetamos... y tú también, espero. (*Sonrisa de* LÁZARO.) Tenemos entendido que se apalea allí el oro, que en esa Nueva
España se atan los perros con longanizas, como en
Jauja... Verdad es que los que nos quedamos en la
Vieja España no hemos cambiado, ya lo ves. Gracias a Dios, ¿no, padre? Gracias a Dios. Lo que queremos es seguir como estamos, sin mudanzas.
LÁZARO.—Y lo habéis conseguido. Por eso es tan
difícil hablaros de un mundo en el que todo es
nuevo.
ALONSO.—Inténtalo. No somos letrados, gracias a
Dios también, pero te entenderemos.
ESTEBAN.—¿Habéis matado ya a todos los indios?

> (*Ríe* ALONSO.)

LÁZARO.—No. Todavía, no.

ESTEBAN.—¿Qué hacéis entonces?

FRAY.—Bautizarlos, hijo.

LÁZARO.—Sí; bautizarlos primero.

MARIVEINTE.—¿Cómo son?

LÁZARO.—Ahora, esclavos; antes, felices.

MARIVEINTE.—De cuerpo, digo.

LÁZARO.—Tienen el pelo negro, la piel color de cobre...

MARIVEINTE.—¡Qué feos!

DOMINGO.—¿Comen cerdo?

LÁZARO.—No.

DOMINGO.—Igual que los judíos... Entonces, ¿de qué viven?

LÁZARO.—Cazan, pescan, hay árboles...

ESTEBAN.—Aquí también.

LÁZARO.—Selvas, cuyo fin no se ve, de árboles, cuyo fin no se ve...

DOMINGO.—¿Qué son selvas?

CAMACHA.—*(Que borda.)* ¿A ti que más te da? Te vas a ir tú a las Indias? Pues entonces...

LÁZARO.—Miles y miles de árboles muy juntos, donde jamás ningún hombre ha pisado. Se llaman selvas vírgenes...

CAMACHA.—Se llamarán, pero anda que Dios sabe. Ni en las Indias creo yo que quedan vírgenes. De esas cosas ya no hay...

ESTEBAN.—Y si nadie las ha pisado, ¿por qué lo sabes tú?

(Ríe ALONSO.*)*

DOMINGO.—Una selva vendrá a ser como un encinar grande.

LÁZARO.—Como millones de encinares juntos... y los ríos son anchos como el mar...

MARIVEINTE.—¿Cómo es de ancho el mar?

LÁZARO.—... y más largo que toda España, de una punta a la otra.

ESTEBAN.—¿Cómo es de larga España?

ALONSO.—Los niños se divierten.

(*Se lo dice al* FRAILE. HERNANDO *está pendiente de* JUSTINA *y ella embebida en* LÁZARO.)

MARIVEINTE.—¿Hay en las Indias unicornios?

CAMACHA.—¡Niña! ¡Jesús, en qué estará pensando!

LÁZARO.—(*Sonriendo.*) Habrá, supongo. Allí de todo...

MARIVEINTE.—Pero ¿blancos?

CAMACHA.—Ay, que ahogadero con los unicornios.

LÁZARO.—Los unicornios deben ser siempre blancos.

MARIVEINTE.—¿Y se pueden coger?

CAMACHA.—¡Ya cantó la gallina!

LÁZARO.—No, se mueren si se cogen. De tristeza.

CAMACHA.—Toma, para que aprendas a respetar al unicornio...

ESTEBAN.—Cuando llegamos los españoles allí, ¿nos hacen reyes?

ALONSO.—Un español, es siempre un rey esté donde esté, hijo.

LÁZARO.—Hay minas de oro y plata y de piedras preciosas...

MARIVEINTE.—¿Qué son piedras preciosas?

LÁZARO.—(*Mostrándosela.*) Esta es una esmeralda.

MARIVEINTE.—Qué nombre más bonito.

ESTEBAN.—Es como el culo de una botella verde.

(*Ríe* ALONSO.)

LÁZARO.—Esa piedra vale por toda Extremadura.

(*Risas.*)

ALONSO.—Yo no te la cambiaba ni siquiera por esta vara sólo.

LÁZARO.—Ya lo sé. *(A los jóvenes.)* Hay pájaros distintos, con plumajes de todos los colores; montes que llegan hasta el cielo llenos de flores que aquí no conocemos...

MARIVEINTE.—Qué bonito será...

(Se aprieta contra ESTEBAN.*)*

LÁZARO.—... cascadas de agua diez veces más altas que la torre de la iglesia.

ALONSO.—Eso ya, no.

LÁZARO.—Los indios tienen templos y palacios recubiertos de oro.

HERNANDO.—Bueno, la piedra de Salamanca es también muy dorada. Cuando me gradué de bachiller allí...

ALONSO.—Tú, cállate. ¿Has dicho de oro?

LÁZARO.—De oro puro.

ALONSO.—El oro de las Indias no nos sirve a nosotros. Eso, a los genoveses... La riqueza no da honra.

LÁZARO.—*(Tranquilo.)* ¿Por qué entonces tu padre, le quitó al mío todo lo que tenía?

ALONSO.—*(Inquieto.)* Tu linaje y el mío no cabían en un pueblo como éste.

LÁZARO.—Sí, es demasiado chico... Ya he visto como camina España: los donnadies son por fin alguien. Aquí se es, cuando se es, por quien se es; no por lo que se hace o por lo que se vale.

ALONSO.—*(Conteniéndose.)* Y tú, ¿qué es lo que has hecho?

LÁZARO.—Irme y volver. Me fui porque no comprendía y he vuelto...

ALONSO.—*(Temeroso.)* ¿A qué?

LÁZARO.—*(Natural.)* A decir que finalmente he comprendido.

ALONSO.—*(Respirando.)* Pues yo, no. No sé si sus mercedes...

MARCOS.—Juntos luchamos, juntos vivimos... Dies irae, Dies illa...

ALONSO.—(*Con sorna.*) En quince años, irse y volver no es mucho... Tú hablas de pájaros y flores. Un hombre habla de guerras: la guerra es la alegría de los hombres.

LÁZARO.—(*Sonríe.*) Tuve varios naufragios, estuve muerto, me resucitaron, he comido gusanos y otros gusanos me han comido a mí, he visto comerse unos hombres a otros...

ALONSO.—¡Esos indios, qué bestias!

LÁZARO.—Estoy hablando de españoles. También los he visto acostarse unos con otros o usar las hembras de los animales a falta de indias que forzar...

ALONSO.—¡Los niños! ¡Fuera los niños! ¡Esteban! (*A* LÁZARO.) ¡En mi casa no se habla de eso!

LÁZARO.—Ayer mandaste tú a tu hijo a que aprendiera cómo...

ALONSO.—Ayer no es hoy. Era fiesta. Y no se habló tampoco. Hay cosas de las que no se habla aunque se hagan.

CAMACHA.—(*A* MARIVEINTE. *Va a salir tras* ESTEBANILLO.) Tú quédate. Así te enterarás de cómo son los hombres que habrás de soportar toda tu vida.

ALONSO.—¡Fuera he dicho! (*A* DOMINGO.) Llévatelos. (*Salen* DOMINGO, ESTEBAN *y la* MARIVEINTE.) ¡Pues vaya con los héroes de Indias!

LÁZARO.—¡Allí los héroes son los desesperados: los que desesperásteis entre todos! Aquí, los que están inseguros de su hombría y necesitan afirmarla a gritos para que se les crea.... Durante quince años lo que he intentado es no ser héroe y no matar a nadie.

ALONSO.—(*Sin saber por qué.*) ¡¡España es el pueblo elegido de Dios!!

LÁZARO.—El que hoy llamáis «deicida» fue también antes el pueblo de Dios. Yo amaba a una mujer judía...

ALONSO.—*(Intentando un encuentro.)* Y la gozaste, Lázaro, pícaro, no lo niegues...

LÁZARO.—Huí, porque era deshonrarse mezclar mi sangre con la suya.

ALONSO.—Naturalmente. Y lo es.

LÁZARO.—*(Al* FRAILE.*)* Juntar los cuerpos, pase: para eso está la confesión. Pero juntar las almas... yo os hablo de otro honor. Del honor de ser hombre y saberse hombre.

ALONSO.—*(Riendo.)* Si se es hombre o no sólo pueden decirlo las mujeres.

LÁZARO.—¿Sí? ¿Cuáles? ¿Las honradas? ¿Las deshonradas? O las judías.

ALONSO.—No hablamos de judías, hablamos de españoles...

LÁZARO.—¿Por qué todo lo que es español ha de serlo contra alguien? Denostando, contradiciendo, persiguiendo a otros seres... Qué fatiga tener que apoyarse sobre lo que se niega. No ser ni Juan, ni Pedro, sino el antijuan y el antipedro. Hacer contrarreformas porque otros hicieron las reformas... Los judíos que nacieron aquí y amaron esta tierra, ¿ya no son españoles?

ALONSO.—No, señor. No, señor. Por descontado. ¡Santiago y Cierra España!

(Da con la vara un golpe en el suelo.)

FRAY.—Calmáos.

MARCOS.—Nunca debió conquistarse Granada...

HERNANDO.—¿Por qué, abuelo?

MARCOS.—Sólo el deseo de destruir algo puede mantenernos unidos... Algo que conquistar... Juntos vivimos, juntos luchamos, justo es que juntos descansemos.

(Abraza su ataúd.)

FRAY.—(*A* LÁZARO.) Hacíais falta aquí, ¿por qué os fuisteis a las Indias?

LÁZARO.—Para respirar hondo.

FRAY.—¿Y respirasteis?

LÁZARO.—No.

FRAY.—¿Por qué?

LÁZARO.—Porque en la Nueva España, también hay españoles.

ALONSO.—(*A voces.*) No he debido oír bien.

LÁZARO.—(*Sereno.*) Sí me has oído. Españoles como tú, que creen en la sacrosanta virtud del bautismo, pero esclavizan a los indios después de bautizarlos a la fuerza frailes como este fraile. Españoles que fundan ciudades no en los sitios prudentes, sino en aquellos en que creen que hay oro. Españoles que no labran la tierra, porque ya la labraban aquí y no fueron a eso. Españoles que, como dices tú, lo que pretenden es apalear allí el oro después de haber apaleado el moro aquí.

ALONSO.—(*Alborotado.*) A las indias mandamos lo que sobra en España; los desechos. Por eso digo que bien estamos como estamos. Cuando los puercos van al monte, la casa está sin ruido.

LÁZARO.—Tú eres como esos tontos, a los que se señala la luna con el dedo y se quedan mirando el dedo, no la luna. Te agarras a tu vara para mandar porque me tienes miedo.

ALONSO.—¡Miedo yo! Puedo hacerte matar.

LÁZARO.—Ser fuerte no es matar: es sonreír. No le temo a la muerte, sino al miedo a la muerte: eso es lo que destruye. Tú estás en tu sillón, haciendo de la vida una costumbre, de la costumbre una seguridad. Con los ojos cerrados, por que si no la vida sería peligrosa. Igual que el nuevo mundo. Todo lo grande es peligroso... Pero tú perteneces a una nación potente y eso te da confianza. El espíritu domina la materia y hay ejércitos que defienden el honor colectivo. No harás nunca el ridículo,

Alonso. El ridículo es lo extraordinario y sólo lo hacen los que no están tranquilos, los que no tienen ni sillón ni vara. Los que demostrarán que tenían razón sólo después que haya pasado todo, cuando quizá sea tarde.

ALONSO.—(A HERNANDO y el FRAY.) Sujetadme o con la espada tendremos que hablar de eso.

(Lo sujetan.)

LÁZARO.—(Sonriendo.) Lo de siempre. Aquí es más hombre el que más manda.

ALONSO.—Yo soy más hombre, cien mil veces más hombre que tú, Lázaro Ayala.

LÁZARO.—Tú, como los nuevos ricos, te estás imaginando un pasado glorioso, del que tus hijos puedan sentirse ufanos. De ahí que, para no engañarlos, en la vieja España será mejor no tener hijos. O tenerlos y decirles por las claras: España empieza con vosotros, hacedla a vuestro modo y no al nuestro, porque nosotros no supimos.

JUSTINA.—Lázaro...

(Va a acercársele, pero ALONSO la aparta.)

ALONSO.—(Violento, asiéndolo casi del cuello.) Los españoles seremos siempre los predilectos de Dios, los escogidos de su Santa Iglesia, y triunfaremos de nuestros enemigos entre los que estás tú.

HERNANDO.—(Como inspirado.) Pobre del sabio que tiene que servir a señor necio. (ALONSO se vuelve, mudo de asombro.) ¿No os dais cuenta? Al español le urge sólo una cosa: ser reconocido por los demás, si no, es como si no existiera. ¡Ser él! ¡Ser él! Qué sin sosiego, qué acoso: pasar toda la vida siendo solamente español. ¡Me dan arcadas!

ALONSO.—(Levantando la vara.) Loco, atrevido.

HERNANDO.—(Apartando, sencillamente la vara, a

LÁZARO. *A partir de este momento bascularán los personajes: los que rodeaban a* ALONSO *lo irán dejando por* LÁZARO.) Mirad mi pierna. No es muy bonita, pero... No fue una perlesía lo que así me la puso: fue un interrogatorio del Santo Oficio. Me delataron por alumbrado. No hubo pruebas; pero ellos, en la duda, se encargaron de dejarme esta prueba.

(Anda cojeando.)

CAMACHA.—El que canta en el ansia, llora toda la vida. Quien no canta, cojea. Qué desgracia.

HERNANDO.—Estoy harto de ocultar la verdad en este pueblo. Os oigo y es como si hubiera dejado de ser cojo.

CAMACHA.—No os hagáis ilusiones.

HERNANDO.—Como si España pudiera resurgir, igual que un fénix, de sus propias cenizas, aunque sean las cenizas de un auto de fe, ¡coño!

MARCOS.—Nunca debió conquistarse Granada...

HERNANDO.—*(En una arenga un poco grotesca.)* Lo que gobierna la vida es el amor, el deseo de la felicidad. Y la gobierna con más acierto que los dogmas, en cuyo nombre tanto se ha matado y se matará más. Los ideales impuestos son los mayores asesinos. En los Autos de Fe las ideas arden y los ideales son el humo que despiden.

CAMACHA.—Se descolgó el cojuelo, míralo. Y parecía un sabio de esos que nunca dicen lo que saben.

LÁZARO.—*(Sonriendo.)* Sólo una cosa hay cierta: el hombre, el maravilloso y pobre hombre. Si hay un pecado original es porque hay una inocencia original que aún no se ha extinguido. Yo la he visto y he venido a decíroslo.

ALONSO.—*(Dando con la vara en el suelo.)* ¡Basta!

LÁZARO.—Cuanto menos me parezco a ti, más fuerte soy, porque he tenido que ejercitar toda mi fuerza para no parecerme.

JUSTINA.—(*Electrizada.*) Lázaro...

HERNANDO.—(*En su tono.*) Vos sois distinto. ¿Pero quién se atreverá a gritar aquí: «Yo soy distinto», sin que lo apuñalen? Porque somos distintos pudimos ser amigos, pero aquí no hay amigos, sólo hay cómplices.

LÁZARO.—No; cómplices sólo, no. Vos, viejo Marcos, estuvisteis unido con mi padre, con muchos otros...

MARCOS.—(*Como recordando.*) Con muchos otros: medio país. Pero en contra también el otro medio... ¿Y qué quedó de aquello? (*Sube de repente al sillón de* ALONSO. *A gritos.*) Seremos libres, se gobernará el pueblo a sí mismo; en las Cortes estará a ras del Rey, no durarán los cargos de por vida, se exigirán responsabilidades a su término. Comuneros, subiréis, sin dejar la mirada, los peldaños del trono. El pueblo, tan cansado de obedecer, tan numeroso que parece inmortal... Los señoríos son injustos todos: van contra la igualdad, y todo lo que se hace por la fuerza tiene que ser deshecho por la fuerza.

ALONSO.—¡Baja! Hace cuarenta años de eso, abuelo. Jamás por un problema de tributos se armó tanto ruido.

MARCOS.—(*A gritos.*) No es de pagar o no tributos de lo que hablo, sino de que se exijan de acuerdo con la ley. Lucharemos por que amamos la patria y queremos hacerla. Nosotros somos la patria no el rey, ni sus flamencos, ni sus borgoñones. Patria somos los cristianos, los judíos, los moros. Juntos lucharemos, juntos vivimos...

ALONSO.—No escuchen sus mercedes a este orate.

MARCOS.—No debió nunca conquistarse Granada. España se acabará en España. No queremos imperios, no queremos las tierras que no amamos, no queremos suplicar por más tiempo lo nuestro. (LÁZARO *se ha acercado a* MARCOS *y lo mira.* MARCOS *se apea de su delirio.*) No queríamos... En Villalar apagaron aquella antorcha de oro. (LÁZARO *lo baja del sillón como a un niño.*) Allí debí morir y me quedé arrastrando esta vida de loco. (*Busca su ataudcillo.*) Allí, de un tajo me dejaron sin brazo y sin espada. Los dos yacen aquí. Juntos vivieron, juntos lucharon, justo es que descansen juntos para siempre. Aquí los dos, esperándome a mí...

ALONSO.—(*Intentando sacarlo.*) Ya está bien, padre...

MARCOS.—(*Violento.*) ¡No soy tu padre! ¡Aparta! Tu padre denunció por comunero al padre de éste, que era hidalgo. Esta era su casa y no la tuya. Estos son los retratos de su gente. Él nació aquí, no tú. A tu padre, que no quiso ser hombre, lo hizo el rey consejero: le dio una vara de mandar —está bien—, y mandó que te casaras con mi hija. Está bien. Y yo como tu pan. Todo está bien. Pero no me vuelvas a llamar nunca más padre... (*Al ataúd.*) Vamos, espada; vámonos, brazo mío... (*Mientras sale.*) Ay, por qué no me dieron aquel tajo en la frente...

ALONSO.—Si se lo hubieran dado en la frente, no estaría más loco de lo que está; seguro.

FRAY.—Sin embargo, cuando el emperador comprendió que lo importante era ser rey de España, él, que no había pasado ni seis meses en ella ni seis meses seguidos, se vino, para morir, a Extremadura.

LÁZARO.—¿Y para qué, sino? Todos volvemos para morir.

FRAY.—(*Amablemente.*) Continuad hablando de las Indias.

LÁZARO.—Quizá vos sepáis más. Las Indias se gobiernan desde Guadalupe. Los jerónimos sois los ministros de Indias, los regidores del gran ceremonial.

ALONSO.—¿Cómo te atreves a dirigirte de esa forma a Fray Guzmán de Herrera?

FRAY.—Tiene razón: mi orden no mendigaba antes: trabajaba... La lana de las ovejas de Castilla debía tejerse en Castilla, no en Flandes. Antes, cuando me revestía, ya al ponerme el amito lloraba recordando la pasión. Decía misa llorando. Ahora, si lloro es porque ya no lloro... En mi orden se admitían los conversos. Luego ya se exigió la limpieza de sangre: fue lo único limpio que quedó. Uno piensa, ante tanto ornamento, ante tanto retablo, ante ese gran ceremonial que vos decís, en una cárcel de oro. A veces, a la hora de cantar el Oficio divino, recuerdo el Salmo 136 y me digo: «No, no podemos cantar los himnos de Sión porque no somos libres. Nuestras cítaras están colgadas de los árboles.»

OLALLA.—(*Desde dentro.*) Lázaro.

JUSTINA.—Lázaro...

LÁZARO.—(*A* FRAY.) Yo sé dónde se puede vivir en libertad, donde puede recuperarse el paraíso.

FRAY.—(*Cariñoso.*) No menciones el paraíso dentro del purgatorio... (*Muy próximo.*) Cuando tropiezo con hombres como tú, recuerdo que mi padre contaba de un alquimista muy rico que perdió toda su enorme fortuna por obtener una pepita de oro en su probeta. Acaso tu probeta sea este pueblo.

CAMACHA.—¿Ahora una probeta? ¡Qué desconcierto de conversación!

ALONSO.—Certidumbre no tengo, pero lo que decís, padre, quizá no sea cristiano.

HERNANDO.—(*Que forma ya grupo frente a* ALONSO, *sólo.*) La virtud es siempre castigada en este mundo. A veces —no muchas, pero a veces— (*Por* ALONSO.) también lo es la idiotez.

ALONSO.—¡Calle el tientaparedes! Me gustaría opinar de todo esto, pero temo que no sea muy cristiano.

FRAY.—(*Frío.*) El que teme a las hojas, mejor que no vaya al bosque.

HERNANDO.—(*Sabihondo.*) Un dilema esencial: el hombre, ¿puede ser libre o no? si no, es irresponsable; si sí, no es necesario Dios.

FRAY.—Ante ese dilema, lo mejor es callar: dejarlo en el misterio.

ALONSO.—*(Para incorporarse.)* Un sacerdote del Señor ¿responde así a tamaña herejía? Os denunciaré a todos...

FRAY.—*(En el grupo, ajeno a ALONSO.)* El hombre perdió su libertad al perder su inocencia. La ley que recibió en garantía de la libertad, al ser mal empleada por los fariseos *(Por ALONSO.),* se vuelve esclavitud.

LÁZARO.—Por eso es necesaria una libertad nueva en un nuevo paraíso, adonde la inocencia no se haya aún perdido.

FRAY.—*(Triste.)* Temo que la serpiente esté enroscada ya en esos altos árboles floridos de las Indias. En ellos o en otros semejantes, hemos ido, uno a uno, colgando nuestras cítaras...

CAMACHA.—Pero, ¿qué es una cítara? Yo conozco, limones, bellotas, hasta membrillos, pero, ¿cítaras?

ALONSO.—No sé que pito tocan las cítaras aquí, pero sé que en España la religión es el poder y el poder, la religión. Por eso España vivirá eternamente: porque está guarecida bajo el ala de Dios.

FRAY.—¿Estáis seguro de que Dios es español?

ALONSO.—Claro que estoy seguro. Y de que vos, que estáis pagado para predicar el orden y la paz, no cumplís vuestro oficio. Porque la religión debe ser una cúpula...

FRAY.—*(Firme.)* ¿Una cúpula, sobre qué? Si sólo hay disensiones y mordiscos.

ALONSO.—Acta levantaría de esto un visitador del Santo Oficio.

LÁZARO.—No hay oficio más santo que el de amar.

HERNANDO.—Eso, eso...

(Mira a JUSTINA, buscando su aprobación.)

ALONSO.—¡Sí!, ¡el de conservar sin mancha la forma en que Dios quiere ser adorado!

FRAY.—Dios ya sabe que manchados estamos.
¡Nos hizo Él! *(Desconcierto de* ALONSO.) Si removemos
cualquier piedra, de aspecto hermoso y limpio...

JUSTINA.—La piedra fundamental es el amor...

FRAY.—... Bajo su humedad vemos sólo lombrices
y alacranes crispados.

ALONSO.—Mejor dejar las piedras donde están.
Y las cítaras esas y las Indias, también en donde
están... Olvidado, olvidado... *(Convincente.)* Me han
dicho que los indios, viendo a los españoles a caballo, creían que eran, español y caballo, un solo ser.

HERNANDO.—Sí, como los centauros...

LÁZARO.—Y quizá, lo que más hemos usado, al
conquistar las Indias, sea la parte de abajo del
centauro...

OLALLA.—*(Dentro.)* ¡Lázaro!

ALONSO.—*(Sin comprender mucho, pero queriendo
salir del problema, ríe.)* ¡Pues vamos a brindar por
las partes de abajo! Mujeres, metijonas, sacad unas
morcillas y unos frascos de vino, que estos discu-
tidores tienen la garganta seca. Se acabó... Veneno
les daría.

> *(Van a salir las mujeres, pero entra* MARI-
> VEINTE, *ocultando una risa.)*

MARIVEINTE.—Olalla está a la puerta, esperando,
sentada...

LÁZARO.—Que entre. (JUSTINA, *lo mira con reproche, luego a su marido.)* Quiero que esa mujer sea
mi esposa.

> *(Una tensión.)*

JUSTINA.—*(Con infinito dolor.)* No...

> *(*MARIVEINTE *ha salido y entra ahora con
> los que antes salieron, rodeando a* OLALLA

como un personaje de feria. Traen escobas.
plumas de gallinas, bieldos, etc. OLALLA,
harapienta, viene enjoyada de oro: diade-
mas, pectorales, collares, brazaletes... Una
sorpresa en todos, seguida de una risa in-
contenible. Voces: Pero ¿es qué es carnaval?
«¿De qué viene vestida?» «¿Vestida?: de qué
viene desnuda?» «¿Una india, una india»,
etcétera.)

LÁZARO.—*(A quien* OLALLA *mira intensamente. So-*
bre las voces a FRAY.*)* Quiero que esa mujer sea mi
esposa. Casadnos.

FRAY.—*(Que también ríe.)* Aquí no puedo hacerlo.

LÁZARO.—He visto casar sobre los barcos, bajo
los árboles, al sol...

FRAY.—No estamos en las Indias.

OLALLA.—*(Quitándose los adornos y arrojándolos a*
todos, primero a FRAY *y a* LÁZARO.*)* ¿No? ¡Pues toma!
¡Toma! para tu Virgen. ¡Para tu Guadalupe! ¡Todo
el oro de Indias, tómalo! ¡No lo quiero! ¡Para ella!
Seguid cubriéndola con oro hasta que no la veáis
ya, hasta que sólo veáis el oro que la cubre... ¡Toma!
¡Toma!...

LÁZARO.—¡Espera!

OLALLA.—Esperar, ¿qué? Ya, ¿qué? ¡Un hombre
cada vez más hombre es lo que quieres! Sabedlo
todos: ¡Lázaro está castrado! ¡Castrado como un
cerdo que ha de cebarse para la matanza! Quién
va a creer desde ahora, a un castrado... Todos estamos locos. Todos hemos perdido... *(Entre la deses-*
peración, la ira, el llanto, el amor ultrajado.) También
la Nueva España castra. Otros trajeron muchas bol-
sas de ella: tú, ni siquiera las dos que te llevaste...
Nos han vencido. ¡No hay paraísos, no! Ni aquí, ni
allí, ni en ningún sitio... la boda de una puta y un
capón: ¡ese había de ser mi paraíso! (JUSTINA *tiene*

un ataque histérico. Su marido la abofetea. Entretanto:) Se acabaron los paraísos. Se acabaron los hombres para siempre. Sólo quedan imágenes de santos para cubrirlas de oro. Santos de palo y oro. ¡Hombres de palo con hombrías de palo carcomido...!

JUSTINA.—*(A* HERNANDO.*)* ¿Qué sentido tiene esto?

(Sale corriendo. La CAMACHA *tras ella.)*

MARCOS.—*(Que entró antes, ajeno al ruido.)* Juntos luchamos, juntos descansaremos...

ALONSO.—*(Envalentonado, frente a* LÁZARO *y rodeado por sus personajes que han retornado a su primera posición.)* ¡Y pensar que llegué a tenerte miedo! *(LÁ-ZARO no se ha inmutado.)* En España no hay muchas diversiones: tenemos demasiada grandeza en qué pensar. Por eso, en estas tierras, cada pueblo tiene su propio tonto, que es el hazmerreír de los demás... El mío no tenía. Con la autoridad que esta vara me da te nombro, Lázaro de Ayala, tonto oficial del pueblo. No te faltará el pan y el requesón: un tonto lo merece... pero vivirás al otro lado del río seco. Sólo entrarás al pueblo los domingos y días de fiesta de guardar a oír la santa misa... El resto de la semana, cuéntale a las encinas tus graciosas historias de las Indias.

(Ríen algo todos. Gritos de CAMACHA, *ya desde fuera: «¡No, Justina, no! ¡Justina!»)*

CAMACHA.—*(Entra con el niño en brazos, luego* JUSTINA.*)* ¡Justina, ha estrangulado a su hijo! ¡Está loca! ¡Miradla! ¡Se está mordiendo las venas! ¡Impedidlo!... ¡Mirad! ¡Está muerto! ¡Lo ha matado!

JUSTINA.—*(A quien alguien coge de las manos, va arrastrándolo mientras habla.)* Lo he hecho por amor... ¡Soltad! ¡No soy culpable!... ¡No era hijo de Lázaro!

¡No podía serlo! ¿Es que no entendéis?... ¡El amor! (*A* HERNANDO, *que procura ocultarse.*) ¡Ahora estoy en gracia de Dios: explícaselo tú!

ALONSO.—¡Amordazadla!

JUSTINA.—(*Corriendo.*) No ha sido por mi propia voluntad. Me lo ha ordenado Dios, el amor de Dios...

(*La cogen.*)

ALONSO.—Atadla.

(*Lo hacen.*)

JUSTINA.—¡Ahora ya estoy en gracia!... (*Se la llevan.*) ¡Soltadme!

(*Siguen oyéndose sus gritos.*)

ALONSO.—¡Amordazadla para que no grite!

(*Todo está ahora quieto.*)

OLALLA.—(*Acercándose a* LÁZARO.) ¿Qué es lo que he hecho? El niño... Lázaro: El río no trae agua: es fácil de cruzar... Déjame acompañarte donde vayas...

(LÁZARO *tiene una pequeña sonrisa. Toma a* OLALLA *de la mano. Salen los dos, por el paso que los demás, mudos, les abren.*)

OSCURO

(*El resplandor barroco de un retablo. Música de órgano. Incienso. Casullas briscadas.* FRAY GUZMÁN *termina la Misa del cuarto domingo de Adviento. Está de espaldas leyendo la «postcomunio».*)

FRAY.—Sumptis munéribus, quaessumus, Domine: ut, cum frequentatione misterii, crescat nostrae salutis effectus. Per Dominum Nostrum Jesum Christum, qui tecum vivit et regnat in unitate Spiritus Sanctus, Deus per omnia saecula saeculorum.

ACÓLITOS *(o* ESTEBANILLO.*).*—Amén.

FRAY.—*(De cara.)* Dominus vobiscum.

ACÓLITOS.—Et cum spiritu tuo.

FRAY.—Ite, missa est.

ACÓLITOS.—Deo gratias.

FRAY.—*(Vuelto al altar.)* Pláceat, tibi, Sancta Trinitas, obsequium servitutis meae; el praesta ut sacrificum, qued oculis tuis majestatis indignus óbtuli, tibi sit acceptabile, mihique, et ómnibus pro quibus illud óbtuli, sit, te miserante, propitiable. Per Christum Dominum nostrum, amén. *(Se vuelve.)* Benedicat vos, omnipotens Deus. *(Bendice.)* Pater et Filius et Spiritus Sanctus.

> *(Si hay asistentes, van saliendo. El* FRAY *recoge el cáliz. Inicia un mutis por un lateral del altar. De la sombra salen* LÁZARO *y* OLALLA, *cubierta de la cabeza. Muy pobres y descalzos.)*

LÁZARO.—Fray Guzmán. (FRAY *se detiene. Mira alrededor. Aleja con un gesto a los acólitos.)* Esta mujer y yo deseamos contraer matrimonio.

OLALLA.—Vamos, Lázaro. Si hay Dios, debe ser mucho menos prudente que los hombres.

LÁZARO.—*(Insistiendo.)* Señor, el Evangelio que acabáis de leer termina con la profecía de Isaías: «Se oirá la voz de uno que clama en el desierto: preparad los caminos del Señor y prevenid sus sendas. Terraplenad los valles, allanad las montañas para que todos los hombres puedan ver al Salvador enviado por Dios.»

FRAY.—¿Queréis darme lecciones o insinuáis que vos sois el enviado?

LÁZARO.—Sólo quiero deciros que esa voz seguirá clamando sin que nadie le oiga. Estáis negando a Dios, porque Dios hizo un orden natural al que todo lo natural nos llevaría, y vosotros no queréis ese orden, sino uno vuestro, marcado por vosotros, pequeño y miserable. Coláis de vuestro vaso los mosquitos y os tragáis los camellos. Os habéis unido al poder y el poder os arrastrará cuando se desmorone. Vuestras capas pluviales son tan ricas que pesan mas que quien las lleva: Antes o después, tendréis que despojaros de ellas, si no os aplastarán. Se os ha ido el espíritu de las manos como una mariposa. Miráoslas: (FRAY *no puede evitar hacerlo.*) Sólo os queda en los dedos una mancha dorada. Cuando Moisés bajó del Sinaí encontró a su pueblo adorando al Becerro de Oro: es posible que ahora estéis adorando al oro del Becerro. Sois los administradores de Dios, Fray Guzmán, y Él es más grande que nuestro corazón. Tened cuidado: entre el debe y el haber no os cabrá Dios...

FRAY.—¿Me estáis amenazando?

LÁZARO.—Yo no. Quien os amenaza es quien lleva la vara. El báculo se ha sometido a ella una vez más.

FRAY.—Idos. Tomad a esta mujer y salid: no de esta iglesia ya, del pueblo. Porque sois peligroso para todos, para vos el primero. Hay grandes cosas que están en pie tambaleándose, a punto de caer. No las toquéis porque os caerán encima.

LÁZARO.—El otro día dijisteis que Dios no era español...

FRAY.—(*Confuso.*) El otro día dije muchas ligerezas.

LÁZARO.—Por qué no os preguntáis, este cuarto domingo de adviento, solo ya en vuestra celda, si es o no Dios católico.

FRAY.—¡Salid! Hace dos meses, én Valladolid, para recibir al rey, se quemaron 21 herejes. Dentro de poco habrá otro auto de fe para recibir en Toledo a la reina. Vuestro cuerpo es combustible y sospecho que mi cuerpo también... Nunca más se abrirán para vosotros las puertas de esa Iglesia.

OLALLA.—Vamos, Lázaro, vamos. De ahora en adelante para nosotros todo será Dios...

OSCURO

(Junto a la vivienda de arcilla y bálagos donde viven OLALLA y LÁZARO hay un calvero de encinar. Es la Noche de Navidad. La luna se filtra entre las ramas e ilumina un cuadro evangélico: LÁZARO rodeado de porquerizos; OLALLA, espiritualizada, atenta a su voz y a sus ojos; el viejo MARCOS sin su ataúd, casi resplandeciente; DOMINGO y ESTEBAN. Pronto se oirán las voces lejanas de un villancico que se acerca.)

LÁZARO.—*(Continuando su doméstico sermón.)* En la Nueva España trataremos de empezar otra vez lo que tan mal hicimos hasta ahora. Comprobaremos que la naturaleza y el instinto no son los enemigos del alma, sino sus hermanos mayores, y podremos vivir todos en una misma casa. El mundo, que Dios hizo...

PORQUERO.—Pero en esa casa, como en todas, habrá un estrado donde suba el señor, y una cochiquera donde tirite el porquerizo.

LÁZARO.—*(Niega.)* En ella habrá un hermoso trabajo para cada uno. No el de alimentar y engordar cerdos ajenos, sino otro, elegido, que os canse alegremente. No os animo a rebelaros ni os prometo riquezas: os animo a vivir en libertad. En esa Nueva España no habrá contaminados ni conversos: toda sangre es sagrada. No hay orgullo más tonto que el que se apoya en qué cuna se nace o en qué tierra...

MARCOS.—Pero, ¿es preciso irse? ¿No podríamos hacer la Nueva España en ésta?

LÁZARO.—Es preciso atravesar los mares y llegar donde están la paz y la alegría. Fuera de estos secanos, la vida se derrama sin que nadie la beba...

PORQUERO.—Y si allí no hay tiranos, ¿quién nos gobernará?

LÁZARO.—Vuestras virtudes. En ellas creo yo, no en el poder. El poderoso acaba siempre por aplastar al inocente y por robar al pobre...

DOMINGO.—Dios, que nos quiso pobres a nosotros, a ellos les dio morcillas *(Ríe.)* Toma, Olalla.

(Le da un envoltorio.)

LÁZARO.—*(A* OLALLA.*)* Repártelo. Reparte todo lo que han traído...

OLALLA.—Hoy era Navidad.

LÁZARO.—Es Navidad, Olalla: siempre es Navidad... ¿Lo robaste, Domingo?

DOMINGO.—Si de verdad Dios quiere que unos tengan morcillas y otros no, pienso que también querrá que las robemos. Por mí, bendita sea su voluntad.

(OLALLA reparte pan, embutidos. Alarga un queso a LÁZARO, *que lo trocea y lo reparte.)*

LÁZARO.—Debajo de cada criminal, debajo de cada poderoso hay un niño que, como se sabe débil, procura disfrazarse de guerrero. Igual hacen los indios. Con sus pinturas de guerra ocultan que van desnudos y se les puede herir...

PORQUERO.—Esta morcilla tiene mucho orégano. Se han pasado de orégano.

DOMINGO.—No; a mí me gusta así: con mucho orégano y con mucho de todo.

PORQUERO.—Pues a mí, no.

DOMINGO.—Entonces, dame tu trozo...

PORQUERO.—No, que te lo comes.

LÁZARO.—*(Sonríe.)* ¿Veis? Queremos ser felices. Pero tenemos tanto miedo a serlo, que preferimos contentarnos con lo que ya tenemos: un trozo de morcilla, que, además, no nos gusta... No llevéis a la Nueva España impedimenta. Dejad aquí todo lo que os tortura: el hambre, la pobreza, el temor a la herejía, el afán de ser algo, las espadas... Y si Dios os tortura, dejáoslo también: cuando lleguéis allí, Dios saldrá a recibiros.

DOMINGO.—¿Otro Dios? ¡Anda!

LÁZARO.—El único. Todos los días son de navidad... lo importante es estar muy unidos. Ya tenéis en común lo que es más vuestro: vuestra esperanza y el desvalimiento...

MARCOS.—No sé. Acaso lo mejor sea morirse, Lázaro. La otra vida, a poco diferente que sea de ésta, algo mejor será...

DOMINGO.—¿Y si no hay otra vida?

PORQUERO.—¡Qué sí! Si no, los ricos no tendrían miedo a morirse y entonces serían, hasta en eso, más afortunados que nosotros.

PORQUERO.—Bendito sea el Señor, que inventó la otra vida para que los ricos no fuesen felices del todo en ésta.

DOMINGO.—Bendito y alabado. Vamos a pedirle perdón por lo que hemos robado a nuestros amos.

PORQUERO.—Sí, ya una vez comidos, mejor arrepentirnos...

(Se arrodillan.)

LÁZARO.—*(En medio.)* Si en vez de doce, fuéramos doce mil, la razón estaría de nuestra parte... si tengo un solo barco, soy pirata. Si tuviera una Armada, sería rey. Pero yo soy el mismo con un barco o con cien... Dejad enriquecerse a los frailes y a los villanos, que han echado honra como quien echa tripa. Que se honren mutuamente en este mundo y no hagan más que prepararse a seguir siendo honrados en el otro. Porque, ¿qué es honra aquí? La holganza. ¿Y qué, deshonra? Trabajar con las manos... *(Al-zándolos.)* No le pidáis perdón a Dios: dadle sólo las gracias.

PORQUERO.—Siendo así, Olalla, ¿queda queso?

OLALLA.—*(Dándole su parte.)* Toma.

PORQUERO.—No, que te lo ibas tú a comer.

OLALLA.—Tómalo y escucha lo que Lázaro dice, que a eso venís.

LÁZARO.—Si no tenéis temor, seréis de verdad libres. Por lo que más queráis, no os neguéis a la vida. La vida es lo único que habéis de ganaros, como el pan o la lumbre; ya la tenéis y es vuestra, sólo vuestra...

> *(Entra el grupo de villancico:* CAMACHA, MARIVEINTE, ESTEBAN... *Todos van sumándose a él. Cantan y bailan.)*

CAMACHA.—¡Fiesta! ¡Haya fiesta! ¡Que en vez de Nochebuena sea Nochemejor! *(Letra del villancico.)*

> «Ola, ola, que vienen gitanas,
> Ola, ola, que suenan sonajas.
> Ala, ola, que bailan chacona.
> Vengan, vayan
> a Belén con la danza.
> Vayan, vengan
> a Belén con la fiesta.
> Ola, ala
> vengan repicando las sonajas.
> Catañetas se hagan rajas
> en el baile volandito,
> porque el Niño trigueñito
> está cubierto de pajas.

Ola, ala.
Finezas, caricias
al Chocorroti corrotico del alma
y a quien le parió Repuli repulida.
Ola, ala,
que con el bamboleo de las mudanzas
y con el airecillo de las gitanas
se descubren la espiga,
vuela la paja.»

MARCOS.—(*A* OLALLA.) Yo me quiero quedar a vivir con vosotros.

OLALLA.—Lo que Lázaro diga.

LÁZARO.—Quédate. Y vete cuando quieras. Y vuelve otra vez si nos echas de menos...

MARCOS.—No creo yo que mi vida dé ya para ese ir y venir. Me quedaré.

LÁZARO.—Mientras la vida dure, padre Marcos, hay que vivirla entera... ¡Estebanillo, baila con Mariveinte!

ESTEBAN.—¿Puedo?

LÁZARO.—Si no te mueves, no.

(*Lo empuja.*)

CAMACHA.—¡Eso! Que cuando nace un Niño es buena noche para encargar otro. (*Empuja a* MARIVEINTE.) Ya de perderte, que te pierda un rico... (*A* LÁZARO.) Las madres tenemos que ocuparnos de que las hijas se nos pierdan bien. ¡Ay, qué madraza es una!

LÁZARO.—Nadie se perderá...

CAMACHA.—Cierto. El cementerio está repleto de hijos míos. Angelitos: ellos ruegan por mí... (*Metiéndose en la bulla.*) Dure la vida, dure, que con ella todo se alcanza.

(*Bailan.* LÁZARO *y* OLALLA *se miran. De*

repente irrumpe ALONSO, con su vara, acompañado de HERNANDO.)

ALONSO.—¡Aquí están! Y la iglesia vacía. Y mi casa, vacía. Y mis ganados, sueltos... Aquí están los borrachos. Aquí están los ladrones. ¡Y en la misa del alba, los frailes cantando solos delante del pesebre!

CAMACHA.—*(A MARIVEINTE que sigue bailando sola.)* ¡Para, tardía!

LÁZARO.—Qué mejor misa que ésta de la buena gente, regocijándose bajo las estrellas. Así pasó en Belén...

ALONSO.—Lo que pasó en Belén no es cosa mía. Lo que pasa aquí, sí. *(A ESTEBANILLO.)* ¡Luego a casa, mal hijo! *(Le golpea duramente.)* ¡A la casa! ¡A la casa! ¡Te juro que no vas a olvidarte de esta noche!

LÁZARO.—*(Interponiéndose.)* Pero ¿por qué?, ¿por qué?

ALONSO.—¡Apártate! ¡Es mi hijo!

LÁZARO.—Por eso. Si le diste la vida, déjale que la viva...

ALONSO.—¡Tú has trastornado todo! Y haz memoria: hasta en el evangelio se dice que es preferible que muera un hombre solo a que perezca todo el pueblo.

LÁZARO.—Sí, en el evangelio; los fariseos lo dijeron.

(Mirada de odio de ALONSO.)

ALONSO.—Fuera de aquí los de mi casa. *(Empuja a su gente que se apoquina. A MARCOS.)* Tú no vuelvas a ella. Eres un loco y me diste a una loca por mujer. No quiero verte más.

(Le golpea con la vara.)

Marcos.—*(Entre la ira y la humillación, llora como un niño.)* ¡A mí! ¡A mí!

Lázaro.—*(Arrebata la vara de* Alonso.*)* No te dieron esta vara de la justicia para maltratar a los indefensos, sino para dirigirlos a donde les convengan.

> *(La parte en dos. Tira los trozos. Le besa la mano a* Marcos. Alonso, *humillado, recoge los trozos.)*

Alonso.—Estos dos trozos te van a atravesar, Lázaro Ayala. *(Se acerca amenazador.* Lázaro, *tranquilo.)* Te van a atravesar ahora. *(Percibe un leve movimiento entre las gentes, que le hace detenerse.)*... O mejor, la justicia andará su camino. No quiero manchar de sangre una noche como ésta... ¡Todos a la misa de alba! *(Arremetiendo.)* ¡He dicho todos!

> *(Van saliendo.* Lázaro *se queda acariciando la cabeza de* Marcos, *que sigue sollozando bajito.)*

Olalla.—*(Llena de amor.)* Lázaro... más que nunca, más que nada en este mundo y en el otro, me gustaría ser tuya esta noche...

Lázaro.—Eres mía y yo tuyo... ¿Por qué no cantas una de las canciones de tu raza que aquel verano me cantabas?

Olalla.—*(Rota la voz.)* ¿Con qué música, Lázaro? ¿Cómo voy a cantarlas? Las cítaras están colgadas de los árboles... ¿No lo has visto?: no nos dejan cantar: No somos lias... *(Por lo que ha sucedido.)* Colgadas para siempre de los árboles...

O S C U R O

> *(Un tabuco en casa de* Alonso. *Alto, un ventano enrejado. En un sillón, atada a sus*

brazos y amordazada, JUSTINA. *Es de día,
pero sólo se ve la luz de un candelabro.*
CAMACHA, *introduce sigilosa a* OLALLA.)

CAMACHA.—Pasa, sin ruido. Pasa... *(A* JUSTINA.
Ésta niega con la cabeza.) ¿No gritará?... Puede matar-
me el amo si se entera de esto...

(Le quita la mordaza.)

JUSTINA.—*(A* OLALLA.) Te he odiado siempre.
OLALLA.—Y yo he sabido siempre que me odiabas...
Pero hoy no me has llamado para decirme eso.
JUSTINA.—Siento estar amarrada. Es la primera
vez que te hablo frente a frente.
OLALLA.—La primera y la última: lo que ha de
llegar, llega.
JUSTINA.—Ya estaba preparada para un hombre.
Me lo quitaste. Me casaron con otro. También me
lo quitaste.
OLALLA.—Lo comido por lo servido: lo del segundo
fue un favor que te hice.
JUSTINA.—Toda mi vida ha estado a merced tuya,
dependiendo de tu sonrisa de perra judía. De tus
caderas, del brillo de tus ojos, de tu carne...
CAMACHA.—Déjate de caderas y habla bajo. Date
prisa en decirle lo que sea: no hay tiempo que
perder...
OLALLA.—*(Fatídica.)* Ya sé lo que es.
JUSTINA.—*(A* CAMACHA.) Desátame esta mano.
(Por la derecha. No lo hace.) Te doy esta cruz si me
desatas... Es de oro... siempre te gustó.

*(*CAMACHA *le quita la cruz y le desata la
mano.)*

CAMACHA.—A ver qué es lo que haces.

(Se guarda la cruz.)

JUSTINA.—(*Por* OLALLA.) ¡Que se acerque! (*A* CA-
MACHA.) ¡Empújala! (*Con la mano libre la agarra por
el pelo.*) ¿Por qué a ti? ¿Por qué tú? (*La toca, la
acaricia.*) ¿Qué tienes? (*La besa.*) ¿Cómo besas?
Bésame, bésame... Ahí ha estado su boca... (OLA-
LLA *consigue desasirse y se aparta.*) Hueles mal...
yo tenía la piel más fina que la tuya... y las manos
más delicadas. ¡Era mío! ¡Desde niña me dijeron que
era mío...! ¡Pero te ha amado a ti!

OLALLA.—Yo me entregué a su hora, tú no fuiste
capaz.

JUSTINA.—En mi linaje las mujeres...

OLALLA.—En tu linaje han hecho lo que en todos:
abrir las piernas y recibir a un hombre.

CAMACHA.—¿Lo ves? Ahí tiene razón ella...

JUSTINA.—(*Tajante.*) Lázaro va a morir.

OLALLA.—Lo sabía...

JUSTINA.—Una vez muerto, lo acusarán de haber
agitado a las turbas, de sodomita, de hereje, de
traidor...

OLALLA.—Sí; las acusaciones las conozco; soy
conversa... Pero la verdadera es que tu marido
tiene miedo. Un medio hombre le ha dejado sin
porquerizos, sin manos que trabajen su tierra, sin
gente que le sirva... sin mí. Lázaro, podría, incluso
reclamar su casa, renovar la memoria de su padre:
el rey de ahora es otro que piensa de otro forma...
Tu marido, porque le tiene miedo, va a matarlo y
los demás no lo defenderán porque le tienen miedo a
tu marido. Lo de siempre...

JUSTINA.—Lázaro puede levantar al pueblo. Lo
tiene subyugado.

OLALLA.—Yo no confío en el pueblo: ha sido cobarde durante demasiado tiempo para dejar de serlo
de repente.

JUSTINA.—Dicen que viene gente a oírlo de toda
Extremadura. Se podría...

OLALLA.—Aunque vinieran de España entera. Lo

oyen, pero no harán jamás lo que él les dice... Como vosotros no hicisteis jamás lo que otro os dijo en el sermón del monte.

JUSTINA.—Tú también me odias.

OLALLA.—No, no he tenido tiempo. Siempre he estado atareada. Los pobres no tenemos tiempo de lealtad ni de odio. Hasta matar lo hemos de hacer de prisa: sin autos ni procesos.

JUSTINA.—Que huya entonces. Que se vaya de aquí... Pero hoy mismo, ahora mismo.

OLALLA.—No querrá.

JUSTINA.—Que se vaya ahora mismo.

OLALLA.—Pero, ¿por qué?

JUSTINA.—Cuando amanezca irán por él. Con perros y con palos y con piedras.

OLALLA.—¿Quiénes?

JUSTINA.—Mi marido y los suyos... no lo ahorcarán siquiera. Ni lo acuchillarán... Lo arrastrarán, desollándose, vomitando, con los ojos saltados a pedradas. ¡Lo descuartizarán igual que a un cerdo!

OLALLA.—(Le da una bofetada.) ¡Calla, víbora!

CAMACHA.—¡Callaos las dos!

JUSTINA.—¡Que él se salve! ¡Qué él se salve!

OLALLA.—No querrá... (Musitado.) Antes o después estaba cierta de que sucedería... Creí que iba a tardar un poco, pero él ha alzado tanto la voz...

JUSTINA.—¿Te irás con él?

OLALLA.—Haré lo que me mande.

JUSTINA.—Tengo envidia de ti.

OLALLA.—No te durará mucho... Ser desgraciada te ha hecho ser mala. Como a todos. El erizo no tiene la culpa de sus púas... Gracias por avisarme...

(Va a salir.)

JUSTINA.—Cuídalo.

OLALLA.—Ese es mi oficio ahora.

CAMACHA.—Venga, vamos... terminad de una vez.

JUSTINA.—Más adelante, cuando esté ya a salvo, lejos, en otra tierra, háblale un día de mí. No pierdes nada... Dile por qué maté a mi hijo. Tú lo sabes.

OLALLA.—Cuando esté a salvo, de verdad a salvo, no necesitará ninguna explicación... Adiós.

(Sale.)

JUSTINA.—*(Mientras la* CAMACHA *vuelve a atarle las manos. La amordaza.)* Háblale de mí... Dile lo de mi hijo... por qué maté a mi hijo... Háblale de mí... Háblale de mí... Dile lo de mi hijo...

(Se queda, ya oscuro, aullando bajo la mordaza.)

OSCURO

(La cabaña de LÁZARO *y* OLALLA. OLALLA *limpia despacio sus cuchillos.* LÁZARO, *a la puerta, como si esperara la llegada de alguien.)*

OLALLA.—¿Quieres comer? Es tarde.

LÁZARO.—*(Volviéndose.)* ¿Qué haces?

OLALLA.—Limpiar mis cuchillos. Verlos brillar me gusta... Puedo mirarme en ellos. *(Lo hace.)* Estoy vieja.

LÁZARO.—Estás cansada.

OLALLA.—Cansada y vieja. *(Se levanta y va hacia una pequeña lumbre.)* Una noche me dijiste que tenía los ojos como brasas. Era verano... cuando más falta hacían se apagaron las brasas.

LÁZARO.—¿Tienes frío?

OLALLA.—Estoy acostumbrada... ¿Y el viejo Marcos?

LÁZARO.—Fue por su ataudcillo.

OLALLA.—Hizo bien... ¿Quieres comer?

LÁZARO.—Hoy no ha venido nadie.

OLALLA.—Vendrán.

LÁZARO.—Es tarde para que vengan.

OLALLA.—*(Tomando un cestillo.)* He traído comida.

LÁZARO.—¿De dónde?

OLALLA.—De por ahí. ¿La quieres?

LÁZARO.—Sí. Vamos a comer.

OLALLA.—*(Dispone la comida.)* Empieza tú. Yo no tengo hambre. (LÁZARO *come.* OLALLA *saca del cestillo la Biblia de* LÁZARO. *La abre por donde está la cinta. Lee.)* «A orilla de los ríos de Babilonia estábamos sentados y llorábamos... Cantad para nosotros un canto de Sión...» Traje tu Biblia, Lázaro.

(Él hace un gesto de afirmación.)

LÁZARO.—Muchas noches, haciendo guardia en un campamento... *(Se ha levantado.)* a la luz de otras estrellas distintas de éstas, he recordado tus canciones de aquel verano...

OLALLA.—¡Las recordabas tú...!

LÁZARO.—... no comprendía sus palabras, pero pensaba: cuando ella deje de cantar se terminará el mundo...

OLALLA.—*(Un temblor en la voz.)* Pues ya ves como no... *(Decidida.)* Vámonos, Lázaro.

LÁZARO.—*(Sin sorpresa.)* ¿A dónde?

OLALLA.—A esa Nueva España.

LÁZARO.—Lo que tengo que hacer no es en la Nueva España.

OLALLA.—O cualquier otro sitio... el mundo es grande ahora. *(Mucha emoción disimulada.)* Vámonos.

LÁZARO.—¿Todavía no están bastante limpios tus cuchillos?

OLALLA.—*(Como sorprendida en algo malo.)* Sí, ya están limpios... *(Los guarda.)* ¿Nos vamos?

LÁZARO.—*(Muy de vuelta; golpeándole suavemente la mano.)* Olalla, Olalla, Olalla, Olalla... sabía que la noche que no viniera nadie sería la última noche.

OLALLA.—(*Levantándose, apresurada, recogiendo.*) Entonces, vámonos.

LÁZARO.—Siéntate, Olalla... O no: Vete, mejor. Pueden hacerte daño. Vendrán ciegos.

(*Casi la lleva a la puerta.*)

OLALLA.—(*Sentándose.*) Ya me iré. En el fondo, siempre he estado sentada junto a los ríos de Babilonia, presa, sin cítaras. La vida, me decía: «Canta, canta.» Pero yo no quería...

LÁZARO.—A cada ser se lo creó para estar en su sitio. En eso consiste la felicidad.

OLALLA.—(*Incrédula y admirada.*) ¡La felicidad!

LÁZARO.—Yo ahora estoy en mi sitio. (*Sonríe.*) Y tú me pides que me vaya...

OLALLA.—Sí... (*Un arranque.*) Hasta los animales defienden su pelleja, Lázaro.

LÁZARO.—Los animales no tienen otra cosa. Debes salir cuanto antes.

OLALLA.—Saldré si tu vienes conmigo... Saldré si voy contigo. Mi sitio eres tú.

LÁZARO.—(*Oprimiéndole una mano.*) No. Tú tienes que cantar. Tú tienes que levantarte y cruzar los ríos, camino de Sión como en el Salmo. Y llevarte a todos los que quieran seguirte... Ese es tu sitio.

OLALLA.—(*En una queja.*) No nos amamos más que un verano, Lázaro... me están entrando ganas de gritar, de salir fuera y aullar como los perros. ¿Somos igual que perros? Voy a gritar ahí fuera.

(*Se acerca a la entrada.*)

LÁZARO.—Llévate la comida. (*Va a alargarle el cestillo: en una confesión.*) No quise tener hijos contigo: por eso se me castigó. Cuando entendí que toda sangre es pura, era tarde: se había secado la fuente de los hijos. (*Comienza a jugar con los dedos de ella.)* La esmeralda la vendes en donde sepan lo que son esmeraldas y te haces con dineros para el viaje. A Domingo dale mi tabardo que tanto le gustaba. El libro, para todos, porque para todos se escribió... *(Llevándose las manos de* OLALLA *a su cara.)* Tus manos. Siento que todo me llegó y me llega a través de tus manos. (OLALLA *con un sollozo retira las manos.)* Que me entierren. Olalla: no todo muere cuando muere un hombre. *(Sollozo de* OLALLA.) La vida siempre empieza mañana, mañana, mañana...

OLALLA.—Ya no habrá más mañanas. Nunca veremos otro amanecer juntos.

LÁZARO.—*(Animándola.)* Estoy contento. Vine a decir que existe el paraíso y lo he dicho.

OLALLA.—Júramelo, Lázaro. Por lo que fuimos juntos, júrame que existe el paraíso. *(Con urgencia.)* Júramelo.

LÁZARO.—Existe. Quizá lo estropeamos, pero eso es cosa nuestra. La muerte, justifica lo que sin ella, no tendría disculpa.

OLALLA.—¿Por qué me hablas de muerte?

LÁZARO.—Porque es ella la que dará a mi vida su forma verdadera. En ella seré libre. *(Mirándola fijamente a los ojos.)* Acepto con alegría la muerte, Olalla, entiéndelo, y voy por ella al eje de la rueda, que está quieto mientras se mueve todo lo demás; mientras se mueve, Olalla, desesperadamente todo lo demás.

OLALLA.—*(Decidida.)* Lázaro, ¿había sitio a tu lado para mí?

LÁZARO.—*(Afirma serena y seriamente.)*

OLALLA.—Entonces, por si los que se amaron, en algún lugar, luego, vuelven a unirse, Lázaro, ¿tú me tomas a mí, a Olalla la judía, por esposa?

LÁZARO.—Te tomo.

OLALLA.—¿Te otorgas a mí como marido?

LÁZARO.—Me otorgo... ¿Y tú me tomas a mí Lázaro, como esposo?

OLALLA.—Sí, te tomo.

LÁZARO.—¿Y te otorgas a mí como mujer?

OLALLA.—Sí, me otorgo.

LÁZARO.—Hasta que la muerte nos separe.

OLALLA.—¡No! Ahora sé que la muerte no nos separará... Con los que quieran venir me iré a la Nueva España. No se agotará tu semilla, Lázaro: ¡te lo juro! (*Un cambio.*) Es la noche de bodas. Tienes que estar cansado. ¡El amor cansa tanto! Duerme un poco.

(*Se escucha un ruido de grillos y chicharras. LÁZARO recuesta la cabeza sobre el regazo de OLALLA.*)

LÁZARO.—Tú y los demás rogad a Dios que nos perdone a todos. No de uno en uno: a todos. (*Toma la mano derecha de ella y la besa.*) La muerte, cuando llega a su hora, es uno de los· nombres de Dios. (OLALLA *comienza a cantar en voz baja una canción sefardy.*) Esa era la canción.

(*Sonríe. Se adormece como en una nana.*)

OLALLA.—(*Cuando lo ve dormido.*) Hijo mío... Vendrán con palos, con perros y con piedras... Te he amado y te amo. No, ni siquiera puedo decir eso: fue como un empujón que me duró toda la vida: No tuve más remedio... Tu cuerpo ha sido el único que dio gozo a mi cuerpo. (*Saca un pequeño cuchillo como una puntilla. Besa el cuchillo.*) Hijo mío... (*Da un golpe seco en el cuello de LÁZARO. El cuerpo de OLALLA, que sujeta a LÁZARO en sus convulsiones nos impide ver su sangre.*) Ya eres libre, amor, amor... Sólo un momento más y serás libre. (*Con los ojos en alto.*) Todopoderoso a quien yo no entendía, qué bien te entiendo ahora. Tú y yo somos iguales. A quien se ama hay que dárselo todo: hasta la

muerte... Recíbela... y dile que me llame. Ya eres
libre. Ya eres libre. *(Han cesado las convulsiones de*
LÁZARO. OLALLA *lo tiende sobre el suelo. Lo besa.*
lo cubre con su toca.) No tardará en amanecer... *(Vuel-*
ve a acariciarle la cara.) Si me hubieras matado tú
a mí, Lázaro. Si me hubieras matado cuando yo te
lo dije, Lázaro. *(Se comienzan a oír los ladridos de los*
perros y el ruido de la gente de ALONSO. OLALLA *se*
incorpora. Irrumpe un grupo en el que vienen ALONSO,
HERNANDO, FRAY GUZMÁN *y los porquerizos.* OLALLA
se interpone entre el cadáver y ellos.) Este hombre es
mi esposo.

PORQUERO.—Está lleno de sangre.

DOMINGO.—Lo ha matado. Tiene sangre.

OLALLA.—Es sudor. Trabajó y ha sudado. Como
Jesús en el Huerto de los Olivos.

ALONSO.—*(La abofetea.)* Los judíos tienen la costumbre de matar a sus redentores. Todos vosotros
sois testigos de este crimen.

OLALLA.—*(Intentando salir, al* FRAILE.) Enterradlo,
yo no he tenido tiempo.

ALONSO.—¿A dónde vas?

OLALLA.—A descolgar las cítaras de los árboles
y ponerme a cantar.

ALONSO.—No te escaparás.

OLALLA.—*(A los* PORQUEROS.) Venid los que sabéis
a donde voy. Venid. Deprisa. Cuando el sol salga
hay que estar ya en camino.

(Aparece MARCOS *con su ataúd.)*

ALONSO.—No la escuchéis.

OLALLA.—¡Dejadlo todo! ¿Os acordáis? Dejad aquí
lo que pueda pudrirse. Vamos, vamos. *(Frente a*
ALONSO.) Y lo que está podrido que se quede también.

> *(A* MARCOS *quitándole el ataúd y dejándolo*
> *en el suelo.)*

ALONSO.—Matad a esa judía.

OLALLA.—Vamos, abuelo, lo podrido, se queda.

ALONSO.—¡Matadla, cobardes!

OLALLA.—¡Benditos sean los que estrellen a vuestros hijos contra las rocas!

ALONSO.—¡Matadla u os mato yo a vosotros! ¡Cobardes!

OLALLA.—(*Casi saliendo.*) Venid conmigo. ¡Vamos! ¡Se lo he jurado!

ALONSO.—(*Dándole la primera puñalada a* OLALLA.) Que se escapa. Contra ella. Contra ella.

> (*Los porqueros acosan a* OLALLA, *herida, que intenta huir todavía.*)

MARCOS.—(*Tratando de interponerse.*) No... Matadme a mí... A mí... Que ella se vaya... A mí...

> (*En el acoso alguien destroza el ataúd, del que saltan el esqueleto del brazo y la espada.*)

OLALLA.—(*Cayendo sobre el cuerpo de* LÁZARO.) Ya... (*Como decepcionada da un gemido que es casi una súplica.*) No... (ALONSO *la remata,* OLALLA, *sonríe.*) Gracias... ¡Ya!

> (*Cae muerta sobre* LÁZARO. *Se oye el llanto de* MARCOS *que entona el «Dies irae». Comienza a amanecer. Los asesinos se retiran El último* FRAY GUZMÁN *que, casi a escondidas, bendice los cadáveres. Con la luz, crece un canto de chicharras y grillos al que se une triunfal, una música de cítaras.*)

TELÓN

¿POR QUÉ CORRES, ULISES?

La comedia *¿Por qué corres, Ulises?* se estrenó el día 17 de octubre de 1975 en el teatro Reina Victoria, de Madrid, con arreglo al siguiente

REPARTO

ULISES	Alberto Closas
NAUSICA	Victoria Vera
EURIMEDUSA	Margarita Calahorra
EURÍALO	Juan Duato
PENÉLOPE	Mary Carrillo
EURIMENA	Rosario García Ortega

Vestuario: ELIO BERNHANYER. Escenografía: VICENTE VELA. Dirección: MARIO CAMÚS.

«Copérnico», uno de los más agudos escritores con seudónimo de la prensa española, escribió en su día sobre la dudosa oportunidad política de haber yo «*devuelto a Ulises a la actualidad efímera del espectáculo*». Bien visto está por «Copérnico» que, mientras la Ilíada es algo que se abre —«*una estimulación hacia el futuro*»—, la Odisea es algo que se cierra —una «*consolidación de la costumbre, aunque sea la del cansancio*»—. Precisamente por eso es por lo que yo decidí en 1975 referirme a la Odisea. Para hablar de lo que deseaba (poner en solfa al «*conservador puro, incapaz de nuevas experiencias, inaccesible a las sugestiones de la realidad. emperrado en volver como sea*») era al Ulises concéntrico, al Ulises de la postguerra náufraga al que me convenía sacar a colación.

Un Ulises 75 que a la Nausica 75 le parece esencialmente un burgués cursi y anticuado, cuyos conceptos, ideales y moral están mandados retirar hace ya mucho: con el que sólo en el oscuro silencio fisiológico —y aun así no por demasiado tiempo— puede entenderse. (Es decir, en lo que Ulises 75 traiciona al Ulises clásico que, por si era poco, fue considerado buen marido no obstante haber tardado veinte años en volver a su hogar.) Es natural que —si de algún modo Ulises representa el poder del hazañoso o a los que, más o menos, lo detentan— acaezcan dos cosas: primera, que la joven Nausica se harte al comprobar que se trata de un puro cascarón, un fantasma, algo inútil como un recordatorio de una primera comunión ajena, un valor convencional basado en palabras y triunfos y hechos borrosos y sin vigencia ya, pero con cuyas rentas se pretende todavía vivir y enamorar; segunda, que Ulises —y aquellos de los que es arquetipo— desconfíe de los jóvenes que ignoran sus proezas y, por añadidura, tienen la voluntad expresa de seguir ignorándolas por falta de respeto.

La Nausica 75 —cuya incomprensión siente Ulises, cuyo desamor ve aproximarse porque, fuera de lo físico, nada puede ofrecerle: él está con el rostro vuelto a lo que fue y no a lo que será— humilla al héroe que ha dejado de serlo. (Héroe se es un momento; narrador de la propia heroicidad, muchos más: demasiados.) De ahí que, en lo íntimo, Ulises *reclame* la presencia de Penélope. Y la reclame, no como la dejó —estricta, puritana y pelmaza—, sino como una especie de quintaesencia de la *doñaconcha de derechas de toda la vida* —fiel, inmóvil, cómoda, requetesabida y victoreante—: una Penélope soñada a su medida.

Pero la Penélope 75 tampoco será así: la realidad no responde a los sueños. En Ítaca, Penélope no espera el poderío de Ulises «*tejiendo y destejiendo los editoriales del inmovilismo*». Ha tenido demasiados trabajos, entre otros el de guardar las formas —porque se *distrajo* con frecuencia durante tantos años— y el de pararle los pies al *fiel* Telémaco que, por descontado, la que quiere es alzarse con el trono de Ulises. (Penélope, en el fondo, no echa de menos a su marido, sino a la Penélope que vivió con su marido: se echa de menos a sí misma y a su fuerza inicial.) En ese Archipiélago de las Islas Adúlteras en que mi comedia se desarrolla, donde todos mienten a todos y que no

Mary Carrillo, Victoria Vera y Alberto Closas encarnaron a Penélope, Nausica y Ulises en el estreno de la obra en el Teatro Reina Victoria.

queda demasiado lejos de nosotros, Penélope re-
cibirá a Ulises —cuando lo reconozca, porque
al principio lo confunde con otro— como Ulises
soñó. Pero cuando los dos hayan perdido ya
ese primer minuto de su ocasión, en que el in-
consciente y mutuo engaño pudo ser verosímil
para ambos. Ítaca no fue nunca —y ahora, menos— el paraíso perdido. Ahora los dos saben que
se están engañando y se dejan porque ya no les
queda otra salida.

El mangoneo final, en que Penélope recupera
las riendas después de ponerle a Ulises la ven-
da del halago ante los ojos, es patético. Y alec-
cionador. No creo que, como teme «Copérnico»,
este Ulises 75 pueda ser «un banderín de engan-
che».

Aquellos a quienes se retrata en este personaje
—los que se afirman sólo en sus gestas pasadas,
en sus mustias retóricas— retroceden en el tiempo
para respirar aires que respiraron. Y ni aun eso les
será permitido. Porque todo ha cambiado: no *está
cambiando*, sino que *ha cambiado*: lo que pasa es que,
por unos instantes, conviene guardar la compostura
ante la inocentada. Esa inocentada que el tiempo
gasta a todo el que se sienta: la feroz inocentada
del arrinconamiento: el triunfador siempre acaba
por fracasar —lo sepa o no, digiera o no la píldora—
y ser sustituido por otro nuevo triunfador más
joven. El tiempo no se sienta. Esa es la causa de que
en Ítaca —burladero de Ulises, donde podría encontrarse más glorioso, donde por fin se resigna a
volver huyendo del desdén de las Nausicas— esté
el supremo desenmascaramiento, la acusación más
grave: la de que no responde ni a la imagen —em-
bellecida, sublimada y falsa— que él ha querido
ofrecer de sí mismo. En Ítaca, Ulises ya no halla ni
esposa, ni heredero. Halla la ambigua conveniencia
de una mujer que lo acepta como último recurso

y la fría esquela mortuoria con que un sucesor ha cubierto su nombre.

¿Puede extrañar que, ante este panorama inevitable, le preguntemos a Ulises por qué corre?

ANTONIO GALA.

(En la cama, al fondo, NAUSICA sobre ULI-SES. Se están besando. A ULISES se le adivina desnudo bajo las sábanas. NAUSICA lleva una breve y traslúcida ropa de dormir. Después de unos segundos entra EURIMEDUSA, con un uniforme claro.)

EURIMEDUSA.—*(Mira de rodillas hacia el fondo, mientras limpia algún mueble.)* Buenos días. Y perdonen si molesto. Pero, como en esta casa nadie se ocupa de una... Ya está bien de egoísmo, digo yo. *(Más bajo.)* O jugamos todos o rompemos la baraja... *(En alto.)* ¡Buenos días he dicho! *(NAUSICA, sin despegarse de ULISES, saluda con un gesto. EURIMEDUSA, decidida.)* Tú no eres una princesa, Nausica; tú eres una zorra. Ni todo el oro del mundo podría convencerme de lo contrario. *(Vuelve a su quehacer.)* Una zorrita: eso es lo que eres. Si llego a saber cuál iba a ser tu fin, me hubiese negado a darte de mamar... Tres días con tres noches, que ya es decir, lleva ese hombre en esta casa. Tres días en la misma postura, poco más o menos... *(Directa al fondo.)* Y es que no te hartas, ¿eh? Sales una mañana y vuelves de la playa con un medio ahogado, según tú. Desde entonces no has dejado ni un momento de hacerle la respiración boca a boca... A veces pienso si no se te habrá muerto entre los brazos... Porque, con ese cuchipandeo, a poco ahogado que estuviera

(*En la cama, al fondo, Nausica sobre Ulises. Se están besando. A Ulises se le adivina desnudo bajo las sábanas. Nausica lleva una breve y traslúcida ropa de dormir...*)

Se inicia la representación de *¿Por qué corres Ulises?*

se habría terminado ya de ahogar. (*Irritada por la indiferencia de los amantes.*) ¡Nausica! En nombre de tu padre, de tu madre y de los tres años que te di de mamar, haz el favor de decirme quién es ese señor que está debajo de ti.

NAUSICA.—(*Levantando apenas su boca de la de* ULISES.) No se lo he preguntado.

EURIMEDUSA.—Pues hazlo antes de que sea demasiado tarde.

NAUSICA.—(*Lo mismo.*) Ya es demasiado tarde.

EURIMEDUSA.—Pregúntaselo a pesar de todo. Si dejas de comértelo a lo mejor contesta.

NAUSICA.—¡Qué vieja más pesada! (*A* ULISES.) ¿Quién eres?

(*Sin dejarle contestar vuelve a besarlo.* ULISES *sólo ha emitido un sonido muy vago.*)

EURIMEDUSA.—¿Qué ha dicho?

NAUSICA.—Ha dicho que es un hombre.

EURIMEDUSA.—¡Me lo temí desde el primer momento! La culpa es mía por no habérselo contado a tu padre. Cuando se entere me meterá presa. Y hará muy bien...

NAUSICA.—Euri, sé buena. Trae algo de comer.

(*Vuelve a su ocupación.*)

EURIMEDUSA.—(*Agarrándose a cualquier motivo de enfado.*) Que no me llames Euri. Me llamo Eurimedusa. Tengo un nombre, no como otras personas. Llámale Euri a Eurialo, que para eso es tu novio... Aunque no creo que a tu novio te atrevas a llamarlo de ninguna manera después de esto... (*Haciéndose la ofendida.*) Yo no soy más que tu nodriza: una vieja a la que no hay que dar explicaciones...

NAUSICA.—¿Traes de comer o no?

(Al volverse se ha resbalado casi hasta el suelo.)

EURIMEDUSA.—*(En la que puede el cariño.)* Que te vas a caer, desgraciada. *(El brazo de* ULISES *rescata a* NAUSICA *y la estrecha.)* No, lo que se dice muerto, muerto, no está...

(Sale refunfuñando.)

NAUSICA.—*(Separándose de* ULISES.) ¿Quién eres?
ULISES.—Un hombre al que los dioses no dejan descansar.
NAUSICA.—*(Sentándose en la cama.)* Si lo dices por mí...
ULISES.—*(Atrayéndola de nuevo.)* No. Lo digo por los dioses.
NAUSICA.—*(Separándose sólo lo imprescindible.)* Sólo sé de ti que la pelota con la que yo jugaba te despertó hace tres días en la playa.
ULISES.—¡Sueles jugar desnuda a la pelota!
NAUSICA.—*(Sentándose en la cama otra vez. Una sonrisa.)* Sí. A la pelota, y a otras cosas, suelo jugar desnuda... ¿Y tú, sueles dormir desnudo? *(Un beso.)* Cuando me viste, con una rama de olivo tapaste tú... bueno, tu... virilidad, digamos. *(Otro beso ligero.)*
ULISES.—No era de olivo la rama. Era de acebuche. Se parecen pero no son lo mismo.
NAUSICA.—Entonces ya sé dos cosas: que el acebuche no es igual que el olivo y que tu gesto de taparte fue absolutamente superfluo... como se comprobó diez segundos después. *(Ella y luego* ULISES, *se han incorporado.)* Mientras comemos, podríamos presentarnos. Pero esta vez te aconsejo una sábana. Las ramas de acebuche son un obstáculo muy poco convincente.

(Viene hacia primer término.)
(Entra EURIMEDUSA *con un carrito, en el que ha dispuesto una comida fría. Entretanto* ULISES *se cubre con la sábana, disponiéndola a manera de una túnica.)*

EURIMEDUSA.—Menos mal. Ahora, por lo menos, se puede apreciar dónde acabas tú y dónde empieza él... que parecíais siameses, hija. *(Desplegando su curiosidad y sus ganas de charla.)* La verdad es que no es nada feo visto así de pie. Estáis guapos los dos... Un poco pálidos, quizá. Son demasiadas leguas las que habéis hecho juntos... *(Con picardía, mientras dispone el almuerzo.)* Este vino está hecho para espesar la sangre... Hala, a recuperarse. Y a ver las cosas con más paciencia, hijos... Comed de todo. El dulce es también bueno: da calor. Y una tacita de café antes de volver a ese aquí-te-cojo-aquí-te-mato que os traéis... *(Mirando a* ULISES, *que avanza para sentarse ante el carrito.)* Ay, qué hombre. Qué pupila tienes, grandísima pécora. Tú serás muy princesa, pero los gustos los has sacado de aquí: *(Se toca los pechos.)* de estas dos pobres ruinas que ya no sirven para nada.

*(*ULISES *y* NAUSICA *se miran y se ríen.)*

NAUSICA.—Anda, farfallona. Vete ya de una vez.
EURIMEDUSA.—*(Saliendo.)* Ay, qué hombre. Qué pena que no se haya hecho esa miel para esta boca...

NAUSICA.—*(Mientras comen algo.)* No te habré parecido por mi comportamiento una mujer fácil de conseguir...
ULISES.—No, no, ¿qué dices?

(Ríen los dos.)

NAUSICA.—Es que, al verte en la playa, comprendí que eras un regalo del mar... Y yo debía aceptarlo.

(*Como justificándose* ULISES *come con apetito.*) La vida en una isla no ofrece muchas novedades: habas contadas... Y los hombres de aquí son más feos que tú.

ULISES.—(*Agradeciendo.*) Pues yo he pasado diez años de isla en isla y no puedo decir que me haya aburrido... (*Un bocado.*) ¿Cómo se llama ésta?

NAUSICA.—Feacia. (*Un bocado.*) ¿Por qué de isla en isla? ¿Es que eres viajante de comercio?

ULISES.—(*Digno.*) No. (*Como jugando al secreto.*) Naufragaba...

NAUSICA.—¡Qué vocación de náufrago! (*Un bocado.*) Yo me llamo Nausica, ¿y tú?

ULISES.—(*Con el mismo juego, pero convencido de que ahora sí adivinará* NAUSICA.) ¿Qué importan nuestros nombres? Sólo nuestras obras merecen ser cantadas... Yo fui el inventor del caballo de madera.

(*Hace un gesto de recibir la enhorabuena.*)

NAUSICA.—¡Ah! ¿Te dedicas a la juguetería?

ULISES.—(*Condescendiente.*) Me refiero al caballo dentro de cuyo vientre penetramos en Troya.

NAUSICA.—(*Ignorante de todo, superficial y hambrienta.*) ¿Quiénes?

ULISES.—Los argivos, los tebanos, los aqueos...

NAUSICA.—(*Sin curiosidad siquiera.*) ¿Y por qué ese afán de llegar a Troya en la barriga de un caballo? Qué incomodidad, ¿no?

ULISES.—(*Medio orgulloso, medio amargo.*) Era la guerra. Yo vengo de la guerra.

NAUSICA.—(*Indiferente.*) ¿De cuál?

ULISES.—(*Molesto.*) De la de Troya, hija. ¿No has oído hablar de la guerra de Troya?

NAUSICA.—(*Con una gran ligereza, que va ofendiendo a* ULISES *cada vez más.*) Quizá sí. No recuerdo. Las guerras son aún más aburridas que las islas: a quienes más gentes degüellan, más condecoraciones. No soy partidaria. (*Un bocado.*) ¿Qué hacías tú allí?

ULISES.—*(Cada vez más admirado de no despertar admiración.)* ¿Dónde?

NAUSICA.—En esa guerra.

ULISES.—*(Presentándose para evitar tanta torpeza.)* Yo soy Ulises.

NAUSICA.—Ulises, ¿qué?

ULISES.—Cómo ¿qué?

NAUSICA.—El apellido.

ULISES.—*(Grandioso.)* Los reyes no tenemos apellidos... *(Como el que no quiere la cosa.)* Yo, en Ítaca, era rey.

NAUSICA.—Me lo figuraba. *(Tocándolo como a un caballo de raza.)* Ese torso, esa buena pinta... (ULISES *sonríe halagado.)* Esos dientes... se ve que no has pasado hambre de joven.

ULISES.—*(A quien la palabra joven referida al pasado, nunca agrada.)* ¿De joven?

NAUSICA.—Sí. Quiero decir a esa edad en que el hambre deforma... *(Pensativa mientras mastica.)* Ulises... es bonito.

ULISES.—¿Es posible que no te sugiera nada ese nombre?

NAUSICA.—*(Correctísima.)* Claro que sí: una piel fresca, una boca sumisa, unas manos que saben dónde deben estar... *(De pie, repentinamente abstraída, intentando arrastrar a* ULISES.*)* Ven conmigo.

ULISES.—Espera... Esa piel, esa boca, esas manos eran más frescas, más sumisas y más sabias hace algún tiempo. A costa de perder por ese lado, he ganado por otro... *(Inseguro ya de todo.)* Al menos, a eso aspiraba... Desde que se acabó la guerra hace diez años...

NAUSICA.—*(Interrumpe.)* ¡Diez años ya! ¿Qué has hecho desde entonces?

ULISES.—Naufragar varias veces, ya te lo he dicho. Conocer el mundo. Ir por el mar alante... Supongo que sabrás lo que es el mar...

NAUSICA.—Sí. Esa cosa azul que no puede una

dejar de encontrarse vaya hacia donde vaya. *(El gesto de* ULISES *se emsombrece.)* ¿O no?

ULISES.—Es posible. *(Animándose a deslumbrar.)* Para mí el mar es toda la libertad, la posibilidad, una eterna aventura. El único lugar en que se está desmemoriado y disponible. En el que se sirve sólo a la vida: siempre al alcance de la sorpresa, siempre a las órdenes del destino... Húmedo y limpio como un beso. *(NAUSICA lo interrumpe para besarlo.)* Sin ancla, sin amarra, gobernado por vientos y vaivenes; súbdito de las olas que mecen o que matan... *(Evadido.)* Y se sueña. Se tiene todo el tiempo para soñar...

NAUSICA.—Qué bien hablas, querido... Oírte me abre otra vez la gana de abrazarte. *(Lo abraza.)* ¿Vamos ya?

ULISES.—Deja que te hable del mar. *(Lo ha dicho entre el ruego y el reproche.)* Misterioso, profundo, sin objeto. No como la tierra, de la que se puede decir: aquí se acaba... Es para hombres el mar...

NAUSICA.—También la mujer es para hombres, creo.

(Caprichosa.)

ULISES.—En él sólo cabe defenderse o morir. Sin sepultura, como en la guerra...

NAUSICA.—«Hagamos el amor y no la guerra»: es mi lema.

ULISES.—Claro, tú no eres un hombre.

NAUSICA.—*(Levantándose de nuevo.)* Eso espero. Incluso preferiría no llegar a serlo nunca.

ULISES.—*(Irónico.)* ¿Es que no te gustan los hombres?

NAUSICA.—*(Besándolo.)* A la vista está. Pero también me gusta el whisky y prefiero beberlo a ser el whisky.

ULISES.—*(Mirándola moverse ante él.)* Eres una niña. Si te hubiera encontrado hace veinte años...

NAUSICA.—Hace veinte años te hubieras encontrado a mi madre ligeramente embarazada... Es mejor así.

(*Lo acaricia.*)

ULISES.—(*Con presunción y tristeza.*) Pero hace veinte años yo era como un dios joven...

NAUSICA.—Y ahora eres como un dios maduro... Las perdices están mejor un poco pasaditas. La fruta verde deja áspera la boca. Tú, no. Me gustas como eres.

ULISES.—(*Apesadumbrado.*) Y ¿dentro de veinte años?

NAUSICA.—¿Quién habla de eso, ahora, cuando veinte minutos puedan dar tanto de sí...?

(*Pequeña sonrisa maliciosa.*)

ULISES.—(*Sin oírla.*) Quizá yo esté cansado...

NAUSICA.—(*Acariciándolo.*) Me parece mal, pero soy comprensiva... Descansa un cuarto de hora... Un cuarto de hora también puede dar mucho de sí.

ULISES.—Me refiero a otro cansancio... (*Intentando sobreponerse.*) Cuando, convencido de que tu tren no llegará ya nunca, te montas en uno cualquiera que va a salir y sales, ves entrar en la estación, majestuoso y lento, el tren que tanto habías esperado... La vida suele equivocar la hora de las citas... (*De pie.*) Por eso yo prefiero el mar. La alta mar. Allí no hay estaciones. Izo el abeto del mástil. Lo introduzco en la crujía. Tenso los estayes y la driza de cuero alza la blanca vela. Se hincha el lienzo, el hervor de la espuma silba bajo la quilla.

NAUSICA.—(*Asombrada.*) No entiendo nada... ¿De qué hablas?

ULISES.—(*Importante.*) De mi vida. No es fácil que lo entiendas.

NAUSICA.—*(Sin querer molestar.)* La gente mayor siempre habláis de la vida. Yo prefiero vivirla.

ULISES.—*(Molestado.)* Es natural. Todo lo que tú empiezas yo ya lo he terminado. Ya no puedo aprender a vivir mejor... Lo único que puedo aprender es a contar mejor mi vida.

NAUSICA.—*(Más bajo.)* Pues vaya un oficio.

ULISES.—*(Continúa.)* Eres mi última isla. De aquí me iré a la mía... Se me ha acabado el mar...

NAUSICA.—*(Interesada.)* ¿Cuál es tu isla?

ULISES.—Ítaca. La más abrupta, la más pobre de todas... Quizá por ser la mía.

NAUSICA.—No te pongas triste. Toma. *(Le ofrece algo de alcohol.)* *(ULISES acepta.)* Y cuéntame tu vida, que me parece que es lo que más te descansa... *(Disponiéndose a escuchar más por educación que por verdadero interés.)* ¿Por qué dejaste Ítaca?

ULISES.—*(Cuando es escuchado le gusta hacerse el misterioso.)* Por defender unos principios.

NAUSICA.—¿Cuáles?

ULISES.—La santidad del matrimonio. La estabilidad de los hogares. La dignidad de los maridos.

NAUSICA.—*(De corazón.)* ¡Qué antiguo, Ulises! *(Viendo la reacción, vuelve a su tono superficial.)* ¿Y qué hiciste para defender esos principios?

ULISES.—La guerra de Troya.

NAUSICA.—¡Dale con la guerra! Para conseguir esos «ideales» *(Con retintín.)* ...no conozco yo más que un campo de batalla. *(Por la cama.)* ¡Ese!

ULISES.—*(Condescendiente.)* Eres muy joven. No sabes que a veces hay que arriesgar la vida porque triunfe una idea.

NAUSICA.—*(Terminando la conversación.)* Una idea por la que haya que dar la vida, no me interesa: es demasiado cara... ¿Y qué sucedía en Troya?

ULISES.—El príncipe Paris había raptado a Helena, esposa de Menelao de Esparta.

NAUSICA.—Con su consentimiento, claro.

ULISES.—*(Horror.)* ¿Con el de Menelao?

NAUSICA.—Con el de Helena. A ninguna mujer se la rapta si ella no quiere.

ULISES.—*(Como quien calla un secreto.)* Quizá tengas razón... Por eso los griegos fuimos a rescatar a Helena. Como ves, fue una guerra de amor: ...a lo mejor por ese lado sí te interesan las ideologías.

NAUSICA.—¿De amor una guerra que se hace para destruir el amor de Helena y Paris? Una guerra de matrimonio en todo caso... *(Pasa de la irritación al desdén.)* Qué tonterías... Qué gana de matarse... Haber dejado que Helena se cansase de Paris: habría acabado por volver con Menelao... Siempre sucede así.

ULISES.—*(Como descubriéndole un olvido importante, desde arriba, siempre, porque la dialéctica de* NAUSICA *no la toma en serio.)* Pero, ¿y el honor de Menelao?

NAUSICA.—En qué lugar tan raro del cuerpo de la mujer, ponéis vosotros el honor del marido... *(Asociando.)* ¿Cómo era Helena?

ULISES.—*(De lo primero que se acuerda.)* Tenía los pechos grandes.

NAUSICA.—Me lo figuraba... Y rubia, ¿no es así?

ULISES.—Muy rubia.

NAUSICA.—Sólo por una rubia se hace una guerra. Las morenas tenemos que organizarlas por nuestra propia cuenta. Qué desdicha. *(Sacando su conclusión.)* No me gusta esa guerra de que me hablas. Es lo mismo que todas: la especie contra el individuo.

ULISES.—Eres muy cultivada: ahora soy yo quien no te entiendo.

(Divertido.)

NAUSICA.—*(Cortándole en flor la sonrisa.)* Es que tengo diecinueve años... *(Razonadora.)* Al individuo que se le dejan tan pocas cosas además del amor... Y a veces hasta ni eso...

ULISES.—*(Sin gran convicción porque sólo hay un tema que apasiona a* ULISES.) Es que el amor sirve, sobre todo, para que la especie sobreviva...

NAUSICA.—Nadie, cuando hace el amor piensa en la especie, desengáñate. Ulises lleva tres días pensando en Ulises mientras besa a Nausica... Para evitar eso, la especie ha inventado el matrimonio. Se trata de una norma de higiene... Como para justificar las guerras se han inventado la patria, el heroísmo, las marchas triunfales...

ULISES.—Señorita, usted es nihilista.

NAUSICA.—Es que tengo diecinueve años. Todavía los mayores no habéis conseguido engañarme.

ULISES.—Casi todo lo que estás diciendo es inmoral.

NAUSICA.—Y casi todo lo que estás diciendo tú, lo has oído decir... La moral es otra invención social. Sólo se vive una vez, Ulises: ésta. Y no pienso perder ninguna oportunidad... Creí que tú, que vas de naufragio en naufragio, tan disponible como un taxi, me entenderías mejor...

ULISES.—*(Sintiéndose desafiado.)* No, no. Si te comprendo. Yo también soy un gran individualista: me quiero a mí sobre todas las cosas. Quiero realizarme, ser yo cada vez más... A propósito: me extraña que no hayas oído hablar de mi astucia y de mi elocuencia. Soy famoso por ellas.

NAUSICA.—*(Como quien repite una frase hecha.)* La fama rara vez responde a la verdad...

ULISES.—Te aseguro que puedo defender hoy una cosa y mañana la contraria con el mismo éxito...

NAUSICA.—*(Extrañada.)* Pero ¿para qué necesitan las cosas que nadie las defienda? Las cosas se hacen o no, se tienen o no: y basta. Yo *(Para no molestar.)* quizá por no haber oído hablar de ti, no te encuentro ni astuto ni elocuente. Te encuentro sexy, más que nada.

ULISES.—*(Muy herido.)* No eres tú la primera.

NAUSICA.—¿Ah, no?, ¿quizá por esas islas...?

ULISES.—Sí. Circe, sin ir más lejos. La bellísima hechicera que convierte los hombres en cerdos. Se enamoró de mí... ¿Qué te parece?

NAUSICA.—Que se enamorara de ti, normal: a cada cerdo le llega su sanmartín. Pero que convirtiera a los hombres en cerdos me parece un trabajo innecesario. Siempre acaban por convertirse en cerdos ellos solos: basta dejarles tiempo.

ULISES.—*(Deseando apuntarse un tanto.)* ¿Y Calypso, la Ninfa? También se enamoró de mí. De su isla vengo precisamente ahora...

NAUSICA.—¿Esa qué hacía? ¿En qué convertía a los hombres?

ULISES.—En amantes.

NAUSICA.—Mucho más inteligente... Lo que me temo, pícaro, es que tú estés harto de ser famoso sólo por tu elocuencia. *(Esto ha halagado a* ULISES; *lo que viene no.)* A tu edad, es lógico que prefieras pasar a la Historia como un gran seductor. Ser lo que nunca se ha sido es una tentación...

ULISES.—Cómo «lo que nunca se ha sido».

(Le duele el «nunca».)

NAUSICA.—*(Que cree que le duele el «seductor».)* Sí. Si no, ¿por qué dejaste a esas dos mujeres? ¿A Calypso y a Circe?

ULISES.—Por un mandato de los dioses.

NAUSICA.—Eso es lo que les dijiste a ellas. Pero, de ti para mí, ¿por qué las dejaste? ¿A qué se dedicaban todo el día? Bueno, el tiempo que tú les dejabas libre...

ULISES.—A tejer.

NAUSICA.—¿Cómo?

ULISES.—A tejer.

NAUSICA.—Ah, ahora me lo explico. No las dejabas satisfechas. Una mujer que le teje un jersey a un hombre está a punto de dejarlo por otro. Tejer, ocupa las manos, pero deja libre la imaginación...

ULISES.—Pues Penélope tejía. Todas las mujeres de mi vida eran muy buenas tejedoras.

NAUSICA.—¿A qué Helena no? (ULISES *niega.*) ¿Penélope has dicho? ¿Quién es ésa?

ULISES.—Una mujer por la que he dejado a las otras: la mía.

NAUSICA.—*(No afectada.)* Ah, ¿eres casado?

ULISES.—Sí... Ella me espera en Ítaca.

NAUSICA.—Según mis cálculos, llevas veinte años fuera y dices: «Ella me espera en Ítaca», igual que si se tratara de una invitación a almorzar... ¿Cómo es Penélope?

ULISES.—Era alta, delgada, estricta. Buena administradora...

NAUSICA.—¿Morena?

ULISES.—Sí.

NAUSICA.—Claro. Y por defender la santidad del matrimonio, la estabilidad del hogar y la dignidad de los maridos, dejaste hace veinte años tu hogar, tu matrimonio y a tu mujer expuesta a ponerte los cuernos. Muy razonable.

ULISES.—Eres demasiado insolente. Las mujeres deben ser menos vivas de genio.

NAUSICA.—Te lo he dicho: es que tengo diecinueve años.

ULISES.—Eso no te da patente de corso... Ni te consiento que me lo eches en cara cada cinco minutos. Espero que mi hijo Telémaco, que tendrá tu edad, no sea como tú.

NAUSICA.—¡También tienes un hijo! No te privas de nada... ¿Piensas volver con ellos?

(Lo acaricia.)

ULISES.—Pensaba... antes de que mi barco se estrellara en tu isla...

NAUSICA.—Si quieres, puedes quedarte aquí. Mi padre, el rey Alkino, no sabe que has llegado. Nadie lo sabe salvo Eurimedusa, cerciórate de tus deseos y si te gusto lo bastante —tú sí me gustas a mí—, fingimos otro naufragio, te encuentran en la playa un poco más vestido que te encontré yo, y mi padre me dará en matrimonio al extranjero... Yo, por la edad, puedo ser hija tuya. Por la cama, puedo ser tu mujer. A los dos —a tu mujer y a tu hijo— estoy en situación de sustituirlos... ¿Qué piensas?

ULISES.—*(Saliendo de su ensimismamiento con un suspiro.)* Lo fríamente que hablas.

NAUSICA.—Es que llamo a las cosas por su nombre.

ULISES.—Una valentía que se te irá quitando...

NAUSICA.—Tu elocuencia debe estar un poquito pasada después de tanto viaje... Ahora se lleva la sencillez y la eficacia. ¿Te decidirás pronto?

ULISES.—¿A qué?

NAUSICA.—A irte o quedarte. Yo estaba prometida a Euríalo. Pero no es enemigo para ti. Tú y yo podemos amarnos, de momento, mucho mejor.

ULISES.—¿De momento?

NAUSICA.—Naturalmente. No se puede garantizar la duración de nada.

ULISES.—Pero si yo me olvido de mi hogar, de mi esposa y mi hijo, tiene que ser por un amor eterno.

NAUSICA.—Eres un burgués cursi, Ulises. Tú fuiste a Troya, has estado acostándote con quien te lo ha pedido por esos mares de Dios y ahora quieres hacerme responsable de tu hogar y tu hijo. No, bonito. Si te quedas será porque de «momento», lo pasas conmigo tan estupendamente como yo, por lo menos. *(Alejándose.)* Además de ciertas cosas no me gusta hablar. El amor no se dice: se hace. A propósito, ¿has descansado ya? *(Pensativa hacia la cama.)* Me parece que me hubiera entendido con

Helena, si no hubiérais cometido la salvajada de devolvérsela al marido... El de Helena es un poco tu caso, ¿no encuentras? Lo que pasa es que tú vuelves a tu isla por cansancio y ella volvió a la fuerza... Helena puede seguir pensando que la vida, fuera de Esparta, es muy hermosa. Tú sabes que la vida, fuera de Ítaca, no lo es... Pero ¿vienes o no? ¡Ulises! *(Se acerca a ella.)* Por culpa de Eurimedusa, nos has dicho quién eras. Nunca debiste hacerlo. Pero ¿querías presumir? ¿no es eso?

ULISES.—Ahora eres tú la que hablas demasiado. Contigo Ulises está perdido. Sólo tiene una manera de impedírtelo.

(Un beso que cierra la boca de NAUSICA *y sobre el cual se hace el primer.)*

O S C U R O

(Al mismo tiempo que la luz vuelve, se oye la voz de ULISES, *que continúa en conversación. Está, a medio vestir, sobre la cama.* NAUSICA, *sentada cerca de él, tiene un traje amplio de casa, quizá un pijama.)*

ULISES.—Yo fui Ulises. Ahora sólo soy un hombre.

NAUSICA.—*(Mientras se arregla las uñas.)* ¿Y te parece poco?

ULISES.—Hubo un tiempo en que por mí disputaban los dioses... Zeus mandó a Hermes, su mensajero, a la Ninfa Calypso. «No retengas a Ulises», le dijo. «Su destino no es morir a tu lado sino volver a su patria y los techos de sus altas mansiones.»

NAUSICA.—Me hiciste pensar que Ítaca era un país de cabras. Lo de las altas mansiones es una novedad...

ULISES.—*(Sin escucharla.)* Un estremecimiento sacudió a Calypso y respondió: «Los dioses sois celosos. Nos negáis a las diosas el derecho de compartir la almohada con el mortal que nuestro corazón elige por esposo. Que cólera sentís cuando amamos las diosas. ¿Es que en la vida vuestra puede caber algo más que alegría? Raptó la Aurora a Orión, y Artemisa, envidiosa y casta, lo alcanzó con sus flechas. Se enamoró Deméter de Jasón, entregándose a él sobre los surcos tres veces removidos y Zeus le acribilló con su rayo de oro. A mí me traen a Ulises el viento y el oleaje. Lo recibo, lo abrazo, le prometo la juventud eterna... y el Olimpo, feroz, me lo arrebata.» El corazón de la diosa lloró por mí... Yo fui ese Ulises. Iba a ser como un dios...

NAUSICA.—*(Ligera.)* Duerme. Estás débil.

ULISES.—Débil yo, que luché ante Troya contra Filomelo y lo derribé con mi robusto brazo.

NAUSICA.—No sé quién era Filomelo ni me importa. Pero el nombre es feísimo... Tú estás débil de tanto amar, cariño. Eso es bueno.

ULISES.—Ahora soy sólo un hombre... Y me consolaré, que es lo peor. Porque el hombre no tarda en cansarse del llanto.

(Cierra los ojos.)

NAUSICA.—Gracias a los dioses, el hombre no es un dios... *(Le pasa la mano por la frente.)* Olvida. Tienes que reponerte...

> *(Tararea una nana. ULISES se queda dormido. Ha aparecido EURIMEDUSA, acechante, con un uniforme de cocina, un delantal y un cuchillo en la mano.)*

EURIMEDUSA.—¿Se durmió?

(NAUSICA le hace un gesto de silencio.)

NAUSICA.—*(Avanzando.)* Sí. Menos mal. También yo tengo, de cuando en cuando, derecho a descansar. Estando él despierto, no hay manera...

EURIMEDUSA.—Los hombres son todos unos petardos. Guapísimos, pero petardos... *(Por la habitación.)* Ya ves que orden de casa. No se puede ni arreglar la habitación. Antes, por lo menos, hacías el amor y eso salías ganando, pero lo que es ahora... Hablar, hablar y quedarse dormido ¿cuándo limpio yo el polvo?

NAUSICA.—*(Desganada.)* Más polvo había antes. No gruñas... *(Con naturalidad.)* o te mando al Erebo, hijo del Caos y hermano de la Noche...

EURIMEDUSA.—*(Asustada.)* ¿Qué?

NAUSICA.—¿Ves? Ya me está contagiando sus manías. Habla él y me pone la alcoba perdida de dioses y centauros.

EURIMEDUSA.—Lo que inventan para llamar la atención. Qué presumidos, madre.

NAUSICA.—Si se come un conejo es porque Palas Atenea se lo puso delante. Si se descuerna contra una roca es porque Poseidón le tomó antipatía. Si lleva veinte años haciendo el gamberro fuera de su casa es porque dejó tuerto de su único ojo a Polifemo, que también hace falta mala sangre... *(Pequeña pausa.)* Me aburro, Eurimedusa... No, no me aburro.

EURIMEDUSA.—*(Que ha dejado el cuchillo y se ha puesto a limpiar.)* ¿No le gustaba el mar? Pues que se vaya a Ítaca con viento fresco. O a donde sea.

NAUSICA.—Es que lo quiero aún. Es un pesado, pero lo quiero. Me ha contado ya tres veces la Ilíada, cada vez de una forma diferente: lo que no cambia es que él se pone siempre de protagonista... Pero lo quiero... La Odisea me la sé de memoria: si él se equivoca, y le sucede con frecuencia, lo corrijo... Pero lo quiero. Ningún hombre, hasta ahora, me inspiró lo que Ulises: ternura... No hay nadie que suscite más ternura que un héroe cansado.

EURIMEDUSA.—Pues aguántate entonces. Todos estos que vienen de la guerra, vienen así: pidiendo una enfermera a gritos. Les digas lo que les digas, te hablan sólo del frente.

NAUSICA.—*(En lo suyo.)* Ya ves qué general en jefe: sin ejército, sin barcos, sin un mal uniforme. Sin otros enemigos que los que él se imagina... Pero lo quiero.

EURIMEDUSA.—Lo que a mí me parece, si te digo mi verdad, es que Ulises ha sido toda su vida un chulo.

NAUSICA.—*(En lo suyo.)* Cuando la cuenta, me expulsa de su vida... No quiero que me inunde con recuerdos de los que yo no formo parte... Que empiece aquí conmigo: que no tenga pasado. Que no haya conocido amigos que no conozco, ni enemigos, ni peligros corridos en el mar que yo no puedo compartir con él porque ya han terminado... *(Sobreponiéndose.)* Un día también se cansará de hablar de todo eso. Yo lo conseguiré.

EURIMEDUSA.—Lo que conseguirás será estropearte la existencia. Tú que eras un cascabel de plata, ahora suenas a muerto. Y por un hombre que ni siquiera es tu marido.

NAUSICA.—*(Muy infantil.)* Él no quiere casarse. Dice que, antes o después decidirán los dioses que retorne a su isla.

EURIMEDUSA.—Qué capricho con mezclar a los dioses hasta en sus charranadas... ¿Por qué no le despiertas ahora mismo y le dices que los dioses te han «comunicado» que debe largarse con su música a Ítaca?

NAUSICA.—Cambiará. Pasará el tiempo y cambiará. Ahora está convaleciente de la guerra de Troya. La curación es larga... Yo formaré, poco a poco, parte de sus recuerdos. Seré también «pasado» para él...

EURIMEDUSA.—Sí, cuando seas una vieja arrugada lo mismo que una chufa.

NAUSICA.—Me hablará a mí de mí. Se acordará

de cosas que hemos hecho, de un color que vimos
juntos, de alguna vez que nos reímos de algo mi-
rándonos los ojos...

ULISES.—(*Dormido.*) Sólo una vez en Delfos, junto
al altar de Apolo, he visto algo tan bello como tú:
fue el tronco de una palmera que subía hasta el
cielo...

NAUSICA.—(*Emocionada.*) ¿Le oyes? Cambiará. Ya
me habla en sueños.

EURIMEDUSA.—No cambia nadie a nadie. Nunca.
Por nada. Es bonito pensar que sí. Pero sabemos que
es mentira. Los hombres son así: o los amas o los
matas. Pero intentar cambiarlos es una insensatez...
Y éste, por lo menos, cuenta cosas preciosas. A un
marinero quise yo a tu edad que, cada noche, al
volver de la playa, me hablaba de sirenas que había
visto y le habían llamado. Por darme celos. ¡Celos
yo! Y total de una sirena, que no es ni carne ni
pescado: una especie de merluza que canta... Y es
que los hombres no tienen bastante con las mujeres:
necesitan estar todo el día imaginando cosas.

NAUSICA.—(*A lo suyo.*) También Ulises oyó cantar
sirenas...

EURIMEDUSA.—¿No te digo? (*Airándose.*) Y todos
estos cuentos te están poniendo amarga... Que zur-
zan a los héroes. Nausica. Si los han vuelto locos
tantos muertos, que no hubieran matado. Que los
encierren en los manicomios, ya que no los ence-
rraron antes de hacer las guerras... Pero lo que es
a ti no te oscurece la vida ningún hijo de madre.
Lo vas a ver ahora...

(*Inicia el mutis.*)

NAUSICA.—¿Qué haces?

EURIMEDUSA.—Espera y lo verás. Poco han de
poder el verano y la sangre si no te saco yo a ti lo
agrio de las venas. (*Sale.*)

ULISES.—*(En sueños, inquieto.)* En la isla del Sol pastaban alegres y blancos los rebaños... La sangre tiñó de rojo toda la tierra..., todo el mar... Yo corrí hacia la nave...

NAUSICA.—*(Yendo hacia él, acariciándolo.)* Todos tenemos nuestra odisea, Ulises. La odisea no es ir de isla en isla, camino de la nuestra, sino de persona en persona, camino de nosotros... Si, en el fondo, sabes que siempre se acaba en donde se empezó, ¿por qué corres, Ulises? *(Entran* EURIMEDUSA *y* EURÍALO: *joven apasionado e introvertido. Al oírlos se vuelve* NAUSICA.) ¡Euríalo!

EURIMEDUSA.—Sí, Euríalo, tu novio. De tu edad, buena facha, simpático y alegre. Y con toda la vida por delante. No por detrás, como otros... *(Los jóvenes se miran con intensidad.)* Todos los recuerdos que tiene se llaman como tú: Nausica. Su amor, Nausica. Su esperanza, Nausica. No ha visto nunca brujas. No ha visto nunca diosas. No ha tenido en las manos más pechos que los tuyos. Cuando soñaba a los quince años con mujeres, todas tenían tus ojos. ¡Euríalo! Déjate ya de juegos, novelera. Sobre estos hombros tienes que hacer tu casa.

> *(Toma de los hombros a* EURÍALO *y lo empuja a* NAUSICA. *Ésta lo recibe y se deja besar por él largamente.)*

NAUSICA.—No me sabe tu boca igual que me sabía.

EURIMEDUSA.—Ay, qué redicha eres... Ya te han envenenado. Bésala más, Euríalo. Maldito sea el amor si dura más de lo que se tarda en hacerlo.

EURÍALO.—Todas las noches he venido a verte. ¿Por qué no me has abierto?

NAUSICA.—*(Señalando la cama donde* ULISES *duerme.)* Porque había otro hombre.

EURÍALO.—*(No arrebatado: doliente.)* ¿Quién es?

NAUSICA.—Un extranjero.

EURÍALO.—¿Qué hace aquí?

NAUSICA.—Ya lo ves: duerme.

EURÍALO.—¿Por qué está en nuestra cama?

NAUSICA.—En mi cama, Euríalo... Yo he mullido la almohada. Yo he abierto el embozo. Yo he estirado las sábanas. Yo le he cogido de la mano y, sin sonreír, le he dicho: Ven.

EURÍALO.—Como a mí...

NAUSICA.—Como a ti. Después de terminar, con sus ojos encima de los míos, sin sonreír todavía, le he dicho: Te amo... Sólo entonces he sonreído un poco.

EURÍALO.—Le has dicho «Te amo». A mí también.

NAUSICA.—Y era cierto. Cuando te lo dije, era cierto.

EURÍALO.—Dijiste: «Te amaré del todo y para siempre.»

NAUSICA.—(Con cariño, como en toda la escena.) El amor, mientras dura, es para siempre. Mientras dura, es eterno. Te amé a ti para siempre: ahora amo a Ulises para siempre... Luego, no sé.

EURIMEDUSA.—(Que no puede resistir más.) Sabihonda, niña triste. Has caído en tus propias redes... Sólo era una aventura, ¿verdad? Tú eres muy moderna... Una aventura con un aventurero. Tres días jolgorio y ya estaba... Pasan pronto tres días... Le ibas a dar sólo tu piel, ¿no es eso? sólo tu carne, sólo tu cintura... Qué tontas somos todas. No aprenderemos nunca.

EURÍALO.—(Que entretanto se ha acercado a ULISES.) Es un viejo.

NAUSICA.—Sí, es bastante mayor. Eso le da experiencia. Y desdén. (Tierna como si hablase de un niño.) Está de vuelta, ¿entiendes?: de vuelta a Ítaca. Ese es su encanto. (Triste.) Eso, y el que de verdad nunca será mío. Su edad, de la que se sonroja, es el único encanto que no quiere ejercer. Los otros se los pasa exhibiéndolos todo el día... Me he convencido de que lo mejor de un hombre es lo que él trata, por vergüenza, de ocultar.

EURÍALO.—*(Temeroso de la respuesta.)* ¿Te casarás con él?

NAUSICA.—¿Para qué? ¿Sería Ulises más mío sólo por ser el yerno de mi padre?

EURÍALO.—*(Decidido y sereno.)* Voy a matarlo, Nausica.

EURIMEDUSA.—Sí, mátalo. Nadie sabe que está aquí. Pudo morir en Troya. O en cualquier otra parte. Nadie lo espera ya. Mátalo. *(Le da el cuchillo.)* Toma esto y mátalo. Tiraremos su cadáver al mar. A él le encantaba: estará muy contento. Y si el mar lo devuelve, como lo ha devuelto tantas otras veces, no podrá hacer más daño: un muerto es poca cosa. ¡Toma!

NAUSICA.—*(A* EURÍALO, *que ha cogido el cuchillo y la mira al acecho de su pensamiento.)* Ánimo, está dormido. No se va a defender. Es fácil. Mátalo. Si así crees que voy a volver a amarte, atrévete a matarlo. *(Sus nervios la mantienen, excitándose a sí misma, en este monólogo, hasta la caída final.)* Nos hemos pasado la vida burlándonos de los crímenes pasionales, de los celosos, de los amores teatrales, de los amantes célebres. Nosotros íbamos a ser distintos, naturales... Hacer el amor no importaba gran cosa. Era un deporte: el más antiguo. Era sólo una fiesta, uno asiste, se divierte y se va. Sin consecuencias. Éramos como amigos educados que se hacen mutuamente el favor de dejarse gozar. Cultivábamos la elegancia social del regalo. Eso era todo. *(La ironía está dirigida tanto o más contra ella que contra* EURÍALO. *Y el dolor.)* Nos daban risa las parejas ancianas, que envejecieron juntas. El amor era como los bailes modernos, igual que un baile nuevo: sólo para los jóvenes... Fuimos crueles y estúpidos... ¿Qué más da? Mátalo... Pero no porque sea tu enemigo: tú no puedes tener celos de un viejo. Pero no porque haya «bailado» conmigo varias noches: bailar es algo tan inocente, ¿no?... Mátalo porque es viejo simplemente y está cansado. Porque tiene, ¿ves?, esta arruga aquí, en medio de los ojos y eso te molesta. Porque te molesta que esté aquí tumbado, lejos, navegando en su sueño de isla en isla. Mátalo porque se llama Ulises y el nombre no te gusta. Sé valiente. Los hombres sois valientes. Presumís por lo menos. Vais a la guerra, cazáis leones, hacéis pesca de altura, sois valientes. Mátalo. Mátalo porque sí. Sin dar explicaciones. (ULISES *hace un movimiento que nos induce a pensar si se habrá despertado.*) Yo conozco su pecho. Hasta el último vello de su pecho he besado. Te diré dónde puedes hundir mejor ese cuchillo... (*Agarrándole de los hombros.*) Bésame. Toma fuerza de mí. (*Lo hace rabiosamente.*) Respira hondo y clava hondo también. Ven. Aquí. Este es el mejor sitio. (*Señala bajo la clavícula izquierda de* ULISES.) ¿A qué esperas? (*Se ha tapado los ojos. En el colmo de la excitación.*) ¡Mátalo! ¡Mátalo! (*Incapaz de resistir cae sobre el cuerpo de* ULISES *sollozando. La mano de* ULISES *acaricia su cabeza.*) ¿Qué va a ser de nosotros? Tengo miedo. ¿A dónde están tus dioses?

EURIMEDUSA.—(*Que ha presenciado la escena en primer término, a* EURÍALO *que había avanzado hacia ella.*) Has quedado muy bien, Euríalo. Cualquier mujer se habría sentido orgullosa de ti. Enhorabuena, hijo.

EURÍALO.—(*Aceptando la ironía.*) ¿Qué quieres que haga?

EURIMEDUSA.—Nada. Devolverme el cuchillo. Tengo que pelar patatas para la cena. (*Le arrebata el cuchillo.*) No entiendo ya este mundo. Arreglároslas solos.

(*Sale airadamente.*)

ULISES.—He dado una cabezadita, me parece. He soñado...

NAUSICA.—*(Decepcionada. Reaccionando. De pie.)* Sí, con dioses y diosas por no perder el hábito.

ULISES.—*(Incorporándose.)* ¿Quién es?

(Por EURÍALO.*)*

NAUSICA.—*(Intentando herirle.)* Un hombre joven.

ULISES.—*(Pasando eso por alto.)* ¿Qué hace aquí?

NAUSICA.—Esperar que te levantes para ocupar tu puesto.

ULISES.—*(De pie.)* No será un mensajero de Zeus... A veces suelen adoptar apariencias vulgares.

NAUSICA.—Éste no es tan vulgar. Se llama Euríalo. Lo conozco desde niño. No acostumbra a traer recados de los dioses. A sabiendas, al menos. *(Decidida a provocarlo.)* Ulises, antes de que llegaras a esta isla, yo mullía cada noche esa almohada, retiraba el embozo, alisaba la sábana, tomaba de la mano a Euríalo y le decía: Ven.

ULISES.—*(En el que hay una punta de malicia, como si representase un papel que se le ha repartido.)* ¿Como a mí?

NAUSICA.—Como a ti. Después de terminar, con sus ojos encima de los míos, sin sonreír, le aseguraba: Te amo. Sólo entonces le sonreía un poco.

ULISES.—A mí también me has dicho que me amas.

NAUSICA.—Y era cierto. Mientras te lo decía, era cierto.

ULISES.—*(Con curiosidad.)* ¿Y ahora?

NAUSICA.—*(Desolada.)* Ahora ya no lo sé.

ULISES.—*(Muy desde arriba.)* Es lógico. Si sólo hubiera un hombre, lo amarías a él. Pero hay muchos y amas un poco a todos. Elegir uno solo entre tantos es difícil. A tu edad *(Se está vengando.)* es difícil. No te preocupes: el tiempo te ayudará a elegir.

(Le pasa la mano por el pelo.) Por fin tendrás tu amor
—el tuyo— al lado. Lo que no tendrás entonces será
tiempo... Eso lo sé muy bien.

EURÍALO.—*(Al que incita la caricia de* ULISES.) Voy
a decirle a tu padre que en tu casa se esconde un
extranjero.

NAUSICA.—*(A* EURÍALO.) Cállate tú. *(A* ULISES, *cuyo
juego descubre.)* Déjate de reflexiones y máximas
morales. ¿Tanta sangre has perdido para no darte
cuenta de que este hombre joven es tu rival? ¿De
que quiere mi amor igual que tú?

ULISES.—*(Intentando otro juego.)* No igual, Nausica,
no... A los veinte años si se pierde un amor, se
puede iniciar otro al día siguiente... Hay muchas
islas en el mar y el amor no se acaba... Pero perder
un amor a mi edad es despedirse...

NAUSICA.—*(Descubriéndolo otra vez.)* Astucias, no,
Ulises. No vas a darme pena...

ULISES.—*(Mientras piensa la nueva añagaza, por las
claras.)* ¿Qué quieres entonces? ¿Que lo mate? ¿Que
te retenga a la fuerza entre mis brazos? ¿Que salpi-
que de sangre el suelo, las paredes, la falda de tu
traje? Quieres sentirte importante porque te aman
dos hombres y tú estás, con un dedo en la boca,
dudosa entre los dos... Vamos, Nausica. Ya en mi
época eso no se hacía. Y tú eres tan de hoy...

NAUSICA.—*(Descubierta a su vez.)* ¡Cobarde! *(A*
EURÍALO.) ¡Cobarde! ¡Cobardes!

ULISES.—*(Que se ha vuelto a* EURÍALO.) No será
necesario que me denuncies. Me iré probablemente.
(NAUSICA *acusa el golpe.)* Como ves, no tengo nada
que hacer aquí. La violencia cansa. Es como un
bumerang que acaba por golpear en la frente a quien
lo arroja.

EURÍALO.—*(Importante, ante lo que no entiende.)*
Yo la amé antes que tú. Ella me amó antes que
a ti.

ULISES.—Me gusta que me tutees: me hace sentirme joven... En amor, no es llegar el primero lo que importa: eso es en las carreras.

NAUSICA.—*(Que se ve desplazada, metiéndose por medio.)* Pero ¿es que yo no cuento? Estoy aquí. ¿No me veis?

ULISES.—Sí, incluso te oímos, Nausica. No hace falta que grites. *(La aparta. A* EURÍALO.*)* ¿Te casarás con ella?

EURÍALO.—No lo sé.

NAUSICA.—*(Como una niña contrariada.)* Yo sí lo sé. No me casaré ni con él ni contigo. Preferiría casarme con un toro, como esa Pasífae de quien te gusta hablar. O con un cisne, como Leda. O con un burro muerto.

ULISES.—*(Que sabe que todo el vocerío de* NAUSICA *es porque no la han dejado hacer su gran escena.)* No hagas caso: Nausica se excita fácilmente. *(Dispuesto a jugar otra vez.)* Escuchadme los dos. Los jóvenes, en la cama, habláis de amor y nada más... Y lo hacéis, por supuesto. Pero habláis y hacéis el amor nada más. Y la cama está hecha para otras muchas cosas...

NAUSICA.—*(Dañina.)* Para dormir, por ejemplo.

ULISES.—*(Sin mirarla.)* Sí, para dormir, por ejemplo. Y para descansar de haber hecho el amor. Y para estar enfermo. Y para tener un hijo. Y para hacer, un poco por costumbre, eso que hacéis por gusto. Y para hablar...

NAUSICA.—*(Sarcástica.)* Para hablar, sobre todo.

ULISES.—*(Sin mirarla.)* Eso es: sobre todo para hablar... De lo que se ha hecho durante el día..., de lo que se va a hacer al día siguiente, al año siguiente, a la vida siguiente... De que ya no nos queremos como antes. De que estamos menos seguros del amor y más seguros de la confianza... Para advertirnos uno a otro cuándo es nuestro cumpleaños... o que no nos ha parecido bien una mala contestación de por la mañana... o lo raro que está el niño segundo, porque atraviesa esa edad maravillosa en que hablar en la cama precisamente de lo que estamos hablando parece una solemne estupidez... Para confirmarnos uno a otro, hombro con hombro, así, acostados...

NAUSICA.—*(Explotando.)* Se acabó la monserga. Yo hablo de amor. Tú hablas de matrimonio.

ULISES.—*(Sin alterarse.)* Eso es exactamente: eres muy lista. Los jóvenes creéis cuando os casáis, que el matrimonio es una sociedad de seguros de amor...

NAUSICA.—*(Con una risa mordida.)* Yo no creo eso.

ULISES.—Sí, tú quizá no. Tú eres muy rara. Pero suele creerse. *(A* EURÍALO.*)* ¿No es cierto? Cuando un amor se acaba, se busca el sustituto. Y no es así. Porque se puede vivir muy bien sin amor. En sociedad con la persona que se ha amado. Con el socio de ayer. Vivir de amables réditos, de esas pensiones no muy grandes que cobran los que se jubilan. Ya hasta la muerte. Sin el agobio de pensar que algo está terminándose, que algo funciona mal y nos vamos a quedar solos como antes —no, más solos que antes de estar acompañados— ladrándole a la luna como perros... El matrimonio está bien inventado: lo han inventado los seres humanos a su propia medida. Es cómodo de llevar, resistente si se le trata bien... El amor, no es sin embargo, nada de eso. Es una sucia trampa, una sacaliña, el castigo que los dioses nos impusieron por...

NAUSICA.—*(Con una clara risa.)* Ya salieron los dioses, ¿cómo no?

ULISES.—*(Desentendiéndose de ella, a* EURÍALO.*)* Ahora Nausica nos hará una buena sopa y olvidaremos nuestras diferencias....

NAUSICA.—*(En el colmo de la ira.)* ¿Yo, una sopa? Tú estás loco. ¿Qué sopa?

ULISES.—*(Muy en marido.)* Una sopa caliente, espesa y nutritiva...

NAUSICA.—*(Buscando a alguien.)* Pero ¿qué dice? ¿Tú por quién me has tomado?

ULISES.—¿No eres tú el ama de esta casa...?

NAUSICA.—Por mí ya os podéis morir los dos de hambre. Y cuanto antes. Fuera de aquí... ¡Deprisa!

ULISES.—*(A EURÍALO, sin hacer caso del ultimátum.)* ¿Te casarás con ella?

EURÍALO.—Creo que no.

ULISES.—Sin embargo, la amas.

EURÍALO.—Sí, la amo. Pero no me casaré con ella. Buenas noches. *(Sale con los ojos bajos.)*

ULISES.—*(Muy joven.)* Ciao. *(Lo ve salir. Se vuelve hacia NAUSICA, furiosa, con una risa en los labios.)* ¿Ves que fácil es librarse de un rival que molesta? Un poquito de astucia, unas frases sobadas dichas con elocuencia... y ya está. *(Intenta conducirla a la cama.)* Ven, Nausica...

NAUSICA.—*(Se desprende de él. Lo mira con odio. Va hacia la puerta.)* ¡Euríalo!

ULISES.—Ya no te oye. Vamos mientras Eurimedusa nos prepara la cena... Me encuentro fuerte hoy.

NAUSICA.—Odio tu juego sucio, maldito zorro.

ULISES.—*(Suficiente.)* Sin mis zorrerías nunca se hubiera conquistado Troya. Si no es por mi artimaña del caballo...

NAUSICA.—*(Sin dejarle seguir.)* A traición. A traición y por la espalda... ¿Qué me importa a mí Troya? ¿Qué me importan tus peleas de barrio? ¡Troya!: griegos bebiendo sangre griega. Pártete de una vez tu condenado cuello de tanto mirar hacia atrás... ¡Me das tortícolis pobre Ulises, pobre hombre, fabulador de mierda!

ULISES.—*(Acercándose.)* Mi querida joven...

(Le divierte el ataque de NAUSICA.)

NAUSICA.—*(Echando por la boca toda su desilusión, su humillación de enamorada por la que no se lucha.)* No te acerques. No me toques. Vas a oír lo que pienso de toda esa morralla. De esa guerra de cuyos intereses estás viviendo todavía...

ULISES.—(*Muy paternal.*) No me interesa tu opinión.

NAUSICA.—Helena fue una puta pasada de moda. Menelao, un cornudo consentido. Clitemnestra una perra salida, a la que su marido no dejaba contenta. Agamenón, un impotente que se distraía jugando a los soldados...

ULISES.—(*Sin agraviarse.*) Deja en paz a los muertos.

NAUSICA.—¿Dejaron ellos en paz a los vivos? Áyax, un esquizofrénico consumido de envidia. Paris, un barbibilindo parpadeante, especializado en concursos de belleza... Y tu héroe Aquiles, el de los pies ligeros...

ULISES.—(*Como a una niña.*) Calla, Nausica...

NAUSICA.—(*Imparable.*) Aquiles, una loca a la que no le importaban más que los muslos de Patrocles... Y tu Olimpo, ¿me oyes bien?, todo tu Olimpo, un patio de vecinos atestado de zorras y maricas.

ULISES.—(*Sin inmutarse.*) No blasfemes. ¡Te has vuelto loca! Los dioses...

NAUSICA.—Pero el peor de todos, tú: explotador de viejas solitarias, consolador de solteronas, mentiroso, bujarrón de puertos, bravo de pacotilla, adorador de dioses inventados... (ULISES *aguanta paciente la dulce letanía.*) ¡Viejo!

(*Eso ya no.* ULISES *abofetea a* NAUSICA, *que cae al suelo.*)

ULISES.—¡Ya está bien!

NAUSICA.—(*Confundiendo como siempre, la reacción de* ULISES. *Transformada, segura de que ha recobrado el interés de su amante.*) Ulises...

(*Se incorpora. Le busca.*)

ULISES.—Déjame.

NAUSICA.—Perdona. Quería hacerte daño. Pero no sentía lo que he dicho...

ULISES.—Hay cosas que, aunque se sientan, no se deben decir...

(Se está dejando querer nuevamente. Ahora es el niño enfurruñado.)

NAUSICA.—Olvídalo.

ULISES.—Se quedan para siempre en el aire, separándonos, como un muro invisible...

NAUSICA.—Bésame. Yo conseguiré que te olvides de eso...

ULISES.—*(Obseso.)* ¡Viejo, yo! ¿De verdad me encuentras viejo?

NAUSICA.—Quería molestarte. *(Le coge los brazos.)* Abrázame.

ULISES.—*(Se desase.)* No, no. Soy demasiado viejo. Busca otro de tu edad.

NAUSICA.—A mí me gusta ser dominada, Ulises. Ningún hombre de mi edad podría dominarme.

ULISES.—*(Que se ha salido con la suya.)* Yo no soy un domador de circo. Ni un hércules de circo... soy un viejo.

NAUSICA.—No hablemos más, Ulises. *(Intentando llevarlo a la cama.)* Ven... *(Aferrándose a un recurso extremo.)* Cuéntame lo que te pasó en aquella isla donde los hombres se alimentaban con la flor del loto. No lo recuerdo bien...

ULISES.—*(Halagado en lo íntimo.)* El loto hacía olvidar los hogares, la patria, el ideal, los hijos...

NAUSICA.—*(Interrumpe, indebidamente, por ganas de participar. Pero a ULISES le fastidia.)* Cuando yo era una niña me sentaba con la falda llena de paniquesillo al pie de las acacias. Hasta que no me llamaban desde el balcón, merendaba las flores de la acacia...

(Pensativa.)

ULISES.—(*Recomenzando.*) El loto, como digo, hacía olvidar los hogares, la patria, el ideal...

NAUSICA.—Como el amor... (*Gesto de* ULISES.) Vamos, Ulises.

(*Lo toma del brazo. Avanza hacia el fondo.*)

ULISES.—Yo hice desembarcar media docena de hombres. Tardaban en volver... ¿Comprendes? Ya nos habían olvidado. Entonces desembarqué yo mismo...

(*Entra* EURIMEDUSA, *con uniforme oscuro,* NAUSICA *la malmira.*)

NAUSICA.—Desembarcaste. Sigue...

(*Le hace un gesto de que se vaya a* EURI-MEDUSA.)

EURIMEDUSA.—(*Que sigue con el enfado, se niega.*) La cena está servida.

(*Sale.*)

NAUSICA.—Sigue...

(*Da dos pasos más hacia el fondo.*)

ULISES.—Luego continuaré... Discutir me abre siempre el apetito. Vamos al comedor.

(*Avanza hacia la puerta, ante la decepción de* NAUSICA, *que acaba por ir tras él.*)

NAUSICA.—Pero... Ulises. (*Asombrada.*) ¿No terminas tu historia? ¿Qué es lo que tienes hoy?

ULISES.—(*Vengándose con toda la guasa de quien*

verdaderamente está de vuelta.) Hambre, pequeña, hambre.

(Salen mientras se hace el segundo.)

O S C U R O

(ULISES está recostado en la «chaise - longue». Quizá dormita: nunca se sabe. Tiene puestos un pantalon y un suéter. Más que entrar, aparece PENÉLOPE. Lleva un elegantísimo traje de fiesta largo. Su tocado recuerda a los tocados clásicos. Su pelo es de un castaño muy claro. Pone una mano sobre el hombro de ULISES, como si lo despertara.)

ULISES.—¿Quién eres?
PENÉLOPE.—¿Quién puedo ser?
ULISES.—¿Penélope?
PENÉLOPE.—Penélope.

(Sonríe dulcemente.)

ULISES.—¿Cuándo has llegado? ¿Cómo?

(Se incorpora.)

PENÉLOPE.—Acabo de llegar. Tú me has traído...
ULISES.—Te estoy soñando...

(Se deja caer de nuevo.)

PENÉLOPE.—Sería hermoso que soñases conmigo. Siempre pensé que así sucedería. Pero ahora estás despierto... ¿Ves? Beso tu mejilla. *(Lo hace.)* Pellizco tu poderoso brazo... *(Lo hace.)* Estás despierto.

(En toda esta escena, PENÉLOPE tiene quizá

ULISES.—¿Cuando has llegado? ¿Cómo?
PENÉLOPE.—Acabo de llegar. Tú me has traído...

demasiada ternura, demasiado encanto. A veces una levísima ironía. Habla como a ULISES *le gustaría oírla hablar.)*

ULISES.—*(Asombrado.)* Penélope.

PENÉLOPE.—Ulises... *(Toma su mano.)* Supongo que nunca se te ocurrió que nos pudiéramos encontrar fuera de casa... así, de repente...

ULISES.—*(Con temor.)* ¿Es que estás muerta acaso?

PENÉLOPE.—No, ¿por qué? Bueno, si es que puede decirse que está viva una mujer que ha perdido a su esposo. Tú, mejor que nadie, sabes que vivo... a mi manera. ¿No estuviste en el sombrío Hades, el país de la muerte? ¿No te rodeó allí la vaga procesión de las princesas muertas, que anhelaban beber la sangre del carnero sacrificado? ¿Me viste a mí entre ellas? Mírame bien, Ulises. Tócame bien. *(Toma sus manos y las obliga a hacer un recorrido.)* Mis orejas, donde musitaste tantas suaves palabras... Mi cuello, que besabas... Mis hombros...

ULISES.—*(Reaccionando.)* ¿Por qué has venido?

PENÉLOPE.—Porque estabas echándome de menos, cariño. Aquí me tienes... Soy tu hora de la siesta... *(Insinuante.)* Las persianas echadas, el silencio, la verdosa penumbra de la siesta. Fuera, la vida se desgarra los muslos entre los rosales y se impacienta el mar... Pero dentro están los objetos conocidos en el lugar de siempre. A tientas puedes dar con ellos. Si te quieres levantar de la cama, tus pies encontrarán sin dudar las chancletas... Soy tu cuarto de baño. El agua de la ducha a la temperatura exacta. Tu espejo, tu maquinilla de afeitar dispuesta, tu espuma de jabón... Soy esa hora al día que necesitamos para estar solos voluntariamente... Para cargar la batería, relajarnos y salir otra vez, alegres y seguros...

ULISES.—*(Abandonado.)* Dime cómo van por Ítaca..., por casa, los asuntos...

PENÉLOPE.—¿Puedo sentarme al lado tuyo?

ULISES.—Por favor...

(*Le hace sitio.*)

PENÉLOPE.—No, no. Ponte cómodo. (*Le coloca un escabel bajo los pies. Se sienta.*) Y fuma, Ulises. Fuma. (*Sorpresa en* ULISES.) Charlaremos mejor.
ULISES.—No veo ceniceros.

(*Ella le enciende el pitillo. Se lo da.*)

PENÉLOPE.—No importa... El suelo es un enorme cenicero.

(*Sonríe.*)

ULISES.—(*Asombradísimo.*) Qué... ¿Qué vida haces tú?
PENÉLOPE.—Desde el mirador del salón, veo toda la bahía... Cuando se acerca un barco, oigo saltar mi corazón. (*Más natural.*) Te espero.
ULISES.—Gracias.

(*Todavía desconfía de esa nueva* PENÉLOPE.)

PENÉLOPE.—No hay de qué, querido. Ese es mi oficio: esperarte.
ULISES.—Sin embargo, he sabido que... que tienes algunos pretendientes.
PENÉLOPE.—¡Qué bobada!... Muchos... Los jóvenes de la isla me encuentra bella, por lo visto.
ULISES.—(*Alarmado.*) ¿Los jóvenes?
PENÉLOPE.—(*Como quien no quiere la cosa.*) Sí. Qué raro, ¿no? (*Dispuesta a halagar.*) En realidad, pienso que lo que los ilusiona es casarse con la mujer de Ulises. (*Modesta sonrisa de éste.*) Pero no te preocupes. Para impedir que se subleven, les he prometido elegir entre ellos...

ULISES.—¿Y lo harás?

PENÉLOPE.—Qué disparate, Ulises. ¿Por quién me
tomas? ¿Habría de ser mi memoria tan frágil como
para olvidar tu fuerza y tu hermosura? *(La dialéctica de* PENÉLOPE *consiste en dar una de cal y otra
de arena.)* Los estoy engañando. Durante todo el
día, tejo el sudario con que enterrar a Laertes, tu
padre, cuando llegue su hora. Es una obligación de
buena nuera, que ellos respetan. Hasta que no lo
acabe no elegiré marido...

ULISES.—Pero lo acabarás y entonces...

PENÉLOPE.—¡Ay! Ulises tan pródigo en astucias.
¿Es que se puede vivir a tu lado, por poco tiempo
que sea, sin empaparse de tu sabiduría? Durante la
noche destejo lo que tejí de día. Será un trabajo
eterno.

(Sonríe ULISES. *Sonríe* PENÉLOPE.)

ULISES.—¡Oh! ¡Penélope! *(Muy en maestro satis-
fecho.)* ...¿Y mi padre, qué tal está? En la morada
de los muertos me encontré con mi madre...

PENÉLOPE.—Sí, la pobre Anticlea... Ya sabes que
nunca se llevó bien conmigo, sin motivo, por supuesto: era bastante arbitraria, pero su muerte nos
reconcilió.

ULISES.—*(Molesto.)* Era de esperar que la tirria
que sentías por ella no persistiera hasta después
de muerta...

PENÉLOPE.—*(Que está en la de arena.)* No me entiendes, Ulises. No lo digo por eso. Es que murió
porque no te tenía. Murió de sufrimiento por no
saber qué era de su hijo... Y en el amor a Ulises nos
unimos las dos...

ULISES.—*(Nuevamente halagado.)* Ah, siendo así...
Perdona.

PENÉLOPE.—En cuanto a tu padre, todos los habitantes de la isla opinan que está como una cabra.

ULISES.—¿Qué me dices?

PENÉLOPE.—Las apariencias no le son favorables
ciertamente. Vive en el campo, jamás baja a pala-
cio. En el invierno duerme junto a la chimenea,
en el suelo, entre cenizas. En verano, se acuesta
en los viñedos...

ULISES.—Un hombre tan ecuánime, tan vivo...

PENÉLOPE.—La tristeza de su corazón es demasiado
grande, Ulises. Tú eras su futuro. Su vida fracasada
iba a lograrse en ti. Y le has dejado su vejez tan
sola...

ULISES.—*(Justificándose.)* Todo el porvenir de Grecia estaba en juego. *(Glorioso.)* Era preciso partir,
sacrificarse. Hay ocasiones en que es necesario de-
rramar sangre violentamente, para lograr a nuestros
hijos un mundo más justo y más tranquilo. A la
paz, por la guerra.

PENÉLOPE.—*(Que acaso no haya escuchado, muy
bajito.)* Todos te amábamos, Ulises: eras nuestro
mes de mayo y nuestro pan; nuestra bufanda y nuestros pájaros. Ítaca se ha arruinado sin ti, ¿qué
otra cosa querías?

ULISES.—*(Sonriendo en medio de su dolor bien fin-
gido.)* Cómo me reconfortan tus palabras. Me hacen
sentirme necesario, joven, impetuoso otra vez...

PENÉLOPE.—*(Punzante.)* ¿Joven? *(Alarma en ULI-
SES. Cambio en PENÉLOPE.)* Siempre lo fuiste, Ulises.
Eras la juventud misma. Te miro y me parece ver
a nuestro Telémaco.

ULISES.—¡Ah! Telémaco... ¿Cómo no he preguntado antes por él? ¿Con qué niños se trata? ¿A qué
colegio va?

PENÉLOPE.—¿Niños? ¿Colegio? Tu reloj no funciona, amigo mío. Esta misma mañana se ha afeitado
por primera vez. Es tu vivo retrato. Yo le hablo
a todas horas de ti: te admira tanto... «¿Cómo andaba
papá?» Y te imita. Tiene tus mismos prontos, la
misma forma de enarcar las cejas cuando se enfada...

Es adorable: delicado y viril al mismo tiempo:
igualito que tú.

ULISES.—Me emocionas. (*Un suspiro sincero.*) Me
emocionas, Penélope.

PENÉLOPE.—Obediente y hermoso. Esbelto como
las espigas y dorado como ellas. Un dios: como eras
tú... Como lo eres aún. Antes yo sólo vivía para él.
No me quité la vida, que sin ti no lo era, sólo por
él...: le enseñaba a leer, a jugar, le cosía la ropa, lo
peinaba... Un día, bañándolo, me di cuenta de que
era un hombre ya. Me eché a llorar sobre su sexo,
que guardaba la semilla de Ulises. Y lo bendije...
Pero desde ese día corre el cerrojo cuando va a
bañarse.

ULISES.—¡Ah! Ítaca, Ítaca, ¿por qué los dioses
me han impedido regresar a ti? (*Apeándose ligeramente del tono épico.*) Escucha, esposa mía: después
de algunas peripecias Eolo me regaló, al salir de
su isla, el pellejo de un toro de nueve años...

PENÉLOPE.—(*Procurando atender, pero sin interesarse demasiado.*) ¡De nueve años, qué barbaridad!

ULISES.—... cosido en forma de odre con un hilo
de reluciente plata.

PENÉLOPE.—Me entusiasman tus relatos, Ulises.
Me chifla tu elocuencia. ¿Podía yo haber olvidado,
ay, tus ardientes palabras en nuestra intimidad?

ULISES.—(*A lo suyo.*) Con el odre en la nave, al
décimo día de navegación, vimos las costas de
Ítaca. Yo había regido el timón todo el tiempo y
quise descansar para que mi Penélope me encon-
trase atractivo. Ya tocaba la patria con los ojos.
Los dos avanzados promontorios, en cuya rada, tan
tranquila es, los remeros fondean sus barcas sin
amarras... El olivo, a la entrada del puerto, dando su
bienvenida; la encantadora fuente de las Náyades...
¿La recuerdas?

PENÉLOPE.—La verdad, no del todo...

ULISES.—Sí, la gruta de dos entradas: una del

norte, para los mortales; otra, del mediodía, sólo para los dioses.

PENÉLOPE.—Sí, ahora me acuerdo que, junto a uno de esos dos agujeros, me besaste una tarde... De novios, me parece. Me parece, no: estoy segura. Después no me besaste casi. Y fuera de casa, jamás, por descontado.

ULISES.—Miré la patria y arrullado por el mar eterno, me dormí. Pero mis soldados, envidiosos del regalo de Eolo y de mi fama, quisieron saber el contenido del odre. Apenas descosido, se escapó...

PENÉLOPE.—He perdido el hilo. Perdón, ¿qué se escapó?

ULISES.—Los vientos, Penélope. Los vientos. Una extraña tormenta nos arrastró, como a una nuez, mar adentro de nuevo: lejos de ti, lejos de todo, otra vez navegantes.

PENÉLOPE.—No sufras más, Ulises. Los dioses se han cansado de hostigarte. ¿Cómo, si no, hubiesen consentido mi visita?

ULISES.—Tienes razón. Pero ¿por qué la han consentido precisamente ahora?

PENÉLOPE.—¿Cómo que por qué? Es sencillísimo. Si una mujer puede interpretar los divinos designios, creo que sé por qué.

ULISES.—Dímelo.

PENÉLOPE.—A lo largo de todos estos años, ha habido muchas mujeres en tu vida... (*Gesto de* ULISES.) Lo sé. No me interrumpas. Pero, así como en los anteriores episodios, me refiero a los de Circe y Calypso sobre todo...

ULISES.—(*Ilusionado.*) ¿Verdad que tú lo crees? (*Dándose cuenta de que su pregunta no es muy correcta.*) Quiero decir: ¿Es qué puedes creer que yo haya sido infiel a una esposa tan fiel como tú?

PENÉLOPE.—Sí, puedo creerlo sin ningún esfuerzo. Es natural. Si mi deber no es más que comprenderte... Tú eres un héroe, Ulises, un orgullo de la humanidad, un símbolo: eso es lo que eres. Formas parte del mundo, como el sol, como el aire. ¿Con qué derecho una pequeña esposa, aunque le sangre el corazón podría retenerte en exclusiva? Tú, que eres un buen amigo del mar, sabes muy bien que no cabe en el hueco de una mano.

ULISES.—*(Entusiasmado.)* Cómo has cambiado, Penélope. Es admirable. Cuánta serenidad de juicio y qué agudeza...

PENÉLOPE.—*(Quitándose importancia.)* Los años, amigo mío; la esperanza, contra toda esperanza; *(¿Ironía?)* la gratitud por el privilegio de que fueras relativamente mío casi dos años...

ULISES.—*(Excusándose.)* En definitiva, realmente... yo.

PENÉLOPE.—Dos años casi enteros. A cambio de ellos, todo lo que...

ULISES.—*(Cortando un giro de conversación peligroso.)* Cuánto has cambiado. Recuerdo tus continuas historias: «Ulises, estas no son horas de llegar: qué dirá el servicio.» «Ulises, tus amigotes son unos groseros: ni siquiera se limpian los pies en el felpudo.» «Ulises, la casa está llena de ceniceros, pero nunca se te ocurre apagar en ellos un cigarrillo: no sé si será por mala puntería o simplemente por ganas de chinchar...»

PENÉLOPE.—No me avergüences, querido. Esa era mi forma de ser cariñosa, de estar pendiente de ti. De cumplir mi modesta misión de ama de llaves: yo no soy un símbolo...

ULISES.—*(Recordando, ahora con más afecto.)* Ahorradora y perfecta...

PENÉLOPE.—Basta de eso ahora. Me he dado cuenta de lo imbécil que es vivir ahorrando, como si uno fuese a vivir siempre. De lo hermosa y de lo única que es la vida, como para estropearla con menudeces, reproches día a día...

ULISES.—Y ahora, según veo, hasta te tiñes el pelo...

PENÉLOPE.—Me salieron... varias canas: se hacía interminable teñirlas de una en una.

ULISES.—... y gastas mucho en vestir...

PENÉLOPE.—A ti siempre te gustó que fuese bien vestida.

ULISES.—Me gustaba poder estar orgulloso de ti. Que te vieran elegante y guapa, para luego decir: «Es mía», cogiéndote del brazo. La verdad es que no me dabas a menudo ocasión...

(Sonríen.)

PENÉLOPE. ¡Presuntuoso Ulises! Me he puesto este trajecito de nada para venir a verte... por la misma razón que tú te dormiste aquella noche, casi rozando Ítaca...

ULISES.—*(Sintiéndose el corazón.)* ¿Te importo todavía?

PENÉLOPE.—No hay nada que me importe sino tú.

ULISES.—*(Reacio a pesar de todo.)* De verdad, ¿a qué has venido?

PENÉLOPE.—Estás en un momento decisivo, Ulises. Quizá hayas sido tú quien me ha llamado...

ULISES.—Lo dices por...

(Señala la cama.)

PENÉLOPE.—Sí: por... Las mujeres con quienes has ligado hasta ahora eran reinas, hechiceras, ninfas, diosas. Mujeres, como diría, un poco... literarias. Nausica no es nada de eso: es mucho más terrible. Nausica es joven. Es de carne y hueso. Incluso me atrevería a decir de más carne que hueso... Y tú estás a punto de hacer el ridículo.

ULISES.—*(Su gozo en un pozo.)* ¿El ridículo, yo?

PENÉLOPE.—Bueno, disculpa. He exagerado. Estás corriendo un riesgo. Nausica te maneja. Utiliza al triunfador de Troya, al pródigo en astucias, al enemigo personal de algunos dioses, al gran Ulises, para que la haga disfrutar a todas horas...

ULISES.—*(Que está de acuerdo.)* Es que Nausica me ama...

PENÉLOPE.—*(Generosa.)* ¿Y quién no te ama, Ulises? Pero lo importante es esto: ¿la amas tú a ella?... Tú, como los inmortales, te amas a ti solo. Ulises ama a Ulises... Y, después de ti, yo soy más Ulises que nadie. Con nadie más que conmigo Ulises puede estar en zapatillas, cómodo y mudo. Porque me has deslumbrado de una vez por todas, no tienes que tomarte el trabajo de deslumbrarme cada día ni estar brillante cada sobremesa... Soy tu cuarto de estar. *(Muy íntima.)* Pasa, cierra la puerta, deja a los demás fuera... Que descansen tus cejas. No las enarques más: aflójalas... *(Como en una sesión de sofrosis.)* Descansa los párpados, la nariz, los labios, tus queridas mejillas... (ULISES *obedece acariciado por la voz y el gesto.)* Soy tu vieja costumbre: la costumbre añorada, más poderosa que el amor... Relaja los músculos del pecho, de los brazos. Deja caer tus manos... Vas estando un poco harto de narrar tus historias a gentuza, de echarles margaritas a puercas, ¿no es verdad? Relaja tu cintura; tus caderas que saben el nombre de las constelaciones; tus muslos —sobre todo el derecho, el de la cicatriz—, tus muslos, mucho más bellos y vigorosos, que los de Patroclo...

ULISES.—*(Casi hipnotizado, casi embriagado de elogios.)* ¡Oh! Penélope, mi único amor...

> *(Se levanta. La estrecha. Va a besarla. Entra como de la calle,* NAUSICA. *Corta y lindamente vestida. Por supuesto, no ve a* PENÉLOPE.)*

NAUSICA.—Pero, ¿qué haces, Ulises? ¿Estás loco? ¿Qué ensayas?

ULISES.—(«*Excusatio non petita*».) Nada. Si no estoy hablando...

NAUSICA.—Te he oído. Qué aburrimiento, hijo. Ya hasta solo... Cuándo se acabará esta horrible aventura.

(*Su tono es desabrido y desinteresado.*)

PENÉLOPE.—(*Por el otro lado de* ULISES.) Dile que por ti está acabada. Aprovecha el momento. ¡Qué niña! ¡Qué modales! Y contigo, que estás tan por encima...

NAUSICA.—Mira, Ulises, (*Juguetea con su bolso.*) hablemos claramente. Aquella ilusión de los primeros días; aquel mirar el mundo reflejado en tus ojos, ha pasado. Lo siento. Yo soy la primera en sentirlo, pero es así. Y no es mía la culpa. No comprendo cómo un hombre, que al principio fue tan... emprendedor, haya acabado por convertirse en esto: un charlatán de feria.

ULISES.—(*Que mira a* PENÉLOPE *con la esperanza de que no haya oído.*) Yo, Nausica...

PENÉLOPE.—Dile que estás harto. Que se busque otro juguete. Que tú no tienes por qué aguantar sus histerismos y sus saltos de humor... Dale una bofetada... No, no se la des: a esta niña le gusta que le pegues.

NAUSICA.—En los escasos momentos en que te callas y me dejas pensar, sueño con enamorarme nuevamente... Esos instantes deliciosos en que brota el amor sin saber donde va. Una nueva batalla, una nueva conquista, un no saber qué va a ser de nosotros... Una expectativa distinta, maravillosa siempre, aunque acabe tan mal... Echo en falta esa tensión de todos los principios...

(*Se evade ya.*)

PENÉLOPE.—Te está menospreciando, Ulises. Excúsame, pero no puedo presenciar esta escena.

(Desaparece.)

ULISES.—*(A solas con* NAUSICA, *intenta una técnica.)* El amor es una serie de expectativas renovadas, de muertes diarias, de resurrecciones. Cada día tú eres otra Nausica y yo, otro Ulises. ¿Por qué no continuar? ¿No te da pereza inaugurar otro universo?

NAUSICA.—Ninguna.

ULISES.—*(Acariciándola.)* ¿Se han olvidado tus senos de mis manos? Di...

NAUSICA.—Estáte quieto, haz el favor.

(Está muy seca.)

ULISES.—*(Besándola.)* ¿Se han olvidado tus labios de los míos? (NAUSICA *dice algo ininteligible bajo el beso.)* ¿Tu cuerpo no se acuerda de mi peso...?

NAUSICA.—*(Liberándose.)* Sí, se acuerda. Pesadísimo, Ulises. No te creo. Hemos recomenzado mil veces ya. Me has dicho mil veces estas cosas... Tú eres el narrador de las mil y una noches...

ULISES.—*(Acercándose, asediándola.)* De las mil y dos noches... De las mil y mil noches...

NAUSICA.—*(Defendiéndose.)* Eso no, Ulises... No... Es mejor que hablemos tranquilamente. Somos civilizados...

ULISES.—El amor no tiene nada que ver con la civilización. Precisamente, cuando visité la isla de los lestrigones, salvaje y alejada, pensaba también yo que el amor...

NAUSICA.—Basta, Ulises. Estoy hasta más arriba del moño de tus cuentos. Basta ya de una vez. Sigue hablando tú solo. Cuando hayas terminado, si aún te queda resuello, te esperaré en la cama. Puede

que allí nos entendamos. Pero si tardas más de
diez minutos, te juro que será inútil que vayas...

> (*Va hacia el fondo, donde un biombo oculta
> la cama.*)

ULISES.—(*Como para sí.*) Qué mala educación...
(*Mira alrededor.*) Penélope... Penélope...

PENÉLOPE.—(*Apareciendo.*) Sí, querido. Una educación malísima, verdaderamente. Esta niña se cree
que es el ombligo del mundo. Y el ombligo del
mundo, como todos sabemos, eres tú. Cuéntame a
mí esa maravillosa hazaña de los lestrigones... Soy
toda oídos.

ULISES.—(*Consolado.*) Después de una semana de
navegación, recalamos en la aldea de Lamos, donde
se ve al pastor llamar al pastor. Mis soldados ama-
rraron las naves muy juntas, dentro del puerto. Yo
dejé en previsión la mía fuera. Por eso, cuando Antífa-
ces dio la señal de alarma por toda la ciudad y salieron los gigantes arrojando contra nosotros sus
acantilados, se formó un mortal estruendo de naves que crujían y moribundos que gritaban. Mientras se desencadenaba la matanza, yo corté, con la
fúlgida espada que pendía de mi celeste muslo, la
amarra de mi nave... y zarpé. Todas las otras pe-
recieron.

PENÉLOPE.—(*¿Ironía?*) Ah, qué peligro, Ulises. Los
dioses protectores te salvaron. Y tu valor, naturalmente. Enhorabuena para ti y para mí... Pero,
querido ¿aún no comprendes que un ser como tú
no puede estar a expensas de una cachorra de
tigre como ésa? ¿No estás cansado de inventar, vamos... de desperdiciar tus experiencias? Qué tentación la tuya: descansar; inventarte de una vez a
Ítaca y al amor en familia, ¿no es cierto?

ULISES.—(*Confesándose.*) Sí, Penélope. Pero mi sino
es éste...

PENÉLOPE.—¿Y no sería mejor que ese epílogo feliz lo vivieras en lugar de inventarlo? Sal de Feacia, Ulises. Embárcate por última vez. Te espera en tu isla tu patrimonio, acrecentado por el fiel Telémaco, tu paz, tu esposa, tu bienestar, tus sabrosas comidas...

ULISES.—*(Debatiéndose.)* En Feacia está mi último amor, Penélope. Entiéndelo: los dioses lo han puesto en mi camino como esa bebida fuerte que se ofrece a los que van a ser ejecutados...

PENÉLOPE.—*(Seria.)* Si llamas ejecución a la vuelta al hogar, haz lo que quieras. Yo debo retirarme.

(Finge una salida.)

ULISES.—Aún no, Penélope. No me dejes. Tú me comprendes. Tú me admiras. Tú me amas seria y pacíficamente... Nausica es como una flor enloquecida.

PENÉLOPE.—Tiene mucho más de enloquecida que de flor, desde luego...

ULISES.—Es lo pasajero, la pasión, el sorbo embriagador. Hace el amor como el mar hace la tempestad. Necesita el relámpago, como el trueno para que se le sienta venir. Es tornadiza y un poco torpe, pero tan tensa, tan ardiente, tan mía a pesar de todo...

PENÉLOPE.—Sí, sobre todo tan tuya. *(Mira su reloj.)* Ya han pasado los diez minutos. Mira.

(Descorre el biombo: En la cama se besan NAUSICA y EURÍALO.)

EURÍALO.—¿Ya no amas a Ulises?

NAUSICA.—No me hables de él. Ni de nada. Bésame y calla. *(Se besan.)* Se ha convertido en un viejo inofensivo que apenas hace otra cosa que comer y dormir... Y chochear. Antes no hacía el amor sin contarme previamente una historia. Pero te juro que ahora se contenta tan sólo con la historia...

PENÉLOPE.—Y al llegar a Itaca, me encontrarás a mí más bella, más dócil, mas complaciente... Como tú me deseas. ¿Vamos?

ULISES.—Vamos. Al encuentro de la nueva Penélope. Ojalá los altos dioses me permitan llegar.

(Ríen, se besan. PENÉLOPE *corre el biombo.)*

ULISES.—*(Con la cabeza baja.)* Me humilla que tú hayas presenciado esta derrota...

PENÉLOPE.—Pero, Ulises, cuantas veces tendré que decirte que conmigo estás cumplido. Mala esposa sería si las malas palabras de una mala aprendiza de furcia empañaran mi opinión sobre ti. Vamos, mi vida. Abandónala en brazos del primero que llegue. Vuelve a Ítaca, Ulises. ¿Por qué correr ya más?

ULISES.—Ah, si fuera posible. Pero con qué medios, con qué nave, con qué dinero cuento.

PENÉLOPE.—*(Tentadora.)* ¿Acaso esa coqueta ha agotado las astucias de Ulises? Ve a la playa ahora mismo. Túmbate. Espera que amanezca. Te encontrarán allí. Te llevarán al Rey Alkino. Cuéntale tu odisea bien contada... No ha existido la aventura con su hija, acabas de llegar, ibas de viaje... Él te dará una nave, regalos, honra, todo. Tu venganza será doble: el padre de la niña desdeñada te pagará el camino que te aleja de ella...

ULISES.—Me dejas frío, Penélope. ¿Cómo no se me había ocurrido semejante añagaza?

PENÉLOPE.—Se te había ocurrido, amor mío... Se te había ocurrido a ti. Yo no soy más que un reflejo de tu ingenio.

ULISES.—*(Feliz.)* Es verdad.

PENÉLOPE.—Y al llegar a Ítaca, me encontrarás a mí más bella, más dócil, más complaciente... Como tú me deseas. ¿Vamos?

ULISES.—Vamos. *(Al salir, mira* ULISES *a* NAUSICA. PENÉLOPE *pone su mano ante esa mirada, antes de desaparecer.)* Al encuentro de la nueva Penélope. Ojalá los altos dioses me permitan llegar.

(Sale mientras cae el)

T E L Ó N

(Entra EURIMENA *con una carta en la mano. No lleva propiamente uniforme, sino un traje negro con algún vivo blanco. Al oírla, sale del dormitorio* PENÉLOPE. *Es completamente distinta a la del acto anterior, su pelo es oscuro, recogido puritanamente, su traje sencillo, de casa. Por lo general, tiene un aire distante y altanero.)*

PENÉLOPE.—*(Impaciente.)* Cuánto has tardado. ¿Están de acuerdo los pretendientes con la prueba?

EURIMENA.—*(Gozando en demorar la respuesta.)* El extranjero a quien te negaste a recibir ayer y esta mañana me ha dado una carta...

(Se la da.)

PENÉLOPE.—*(Sin importarle.)* ¡Qué insistencia! *(Más impaciente.)* ¿Están de acuerdo? ¡Di!

EURIMENA.—*(Lo mismo.)* Que es muy urgente, dice.

PENÉLOPE.—Pero, ¿están de acuerdo los pretendientes: sí o no?

EURIMENA.—¡Qué prisas! *(Ríe.)* Sí, están de acuerdo... *(Pone algo de orden en la habitación.)* Cuando Agelao leyó en tu nombre la proclama de que te casarías con aquel que tendiera el arco de Ulises, se echaron a reír. Preguntaban cuál sería la segunda prueba. Todos están seguros de tenderlo...

PENÉLOPE.—*(Mientras abre la carta.)* Qué poco conocían a Ulises esos hombres. *(Leyendo sin mucho interés.)* «Señora: he venido a Ítaca por orden de su esposo.»

(Las dos mujeres se miran. Tensión.)

EURIMENA.—Sigue...

PENÉLOPE.—*(Lee.)* «Antes de que comience el pugilato de los pretendientes conviene que sepa que el matrimonio de usted con el vencedor será completamente válido: Ulises ha muerto.»

EURIMENA.—*(Da un grito.)* Qué dolor... ¡El amo! ¡El amo ha muerto!

(Va hacia la salida gritando.)

PENÉLOPE.—*(Interponiéndose.)* No alborotes, idiota. Calla y cierra esa puerta. Nadie debe saberlo... *(Sigue leyendo.)* «De camino hacia Ítaca nos lo arrebató la gloria. Como prueba de afecto me encargó que le trajera su alianza, para que usted pudiera llevarla hasta el fin de sus días muy cerca de la que él le ofrendó el día de sus bodas. Dentro del sobre va. Reciba mi dolorido pésame por la muerte de un héroe que no era de usted solo. Etón de Creta.»

(Ha habido un temblor en su barbilla, en su voz.)

EURIMENA.—¿Lo llamo?

PENÉLOPE.—¡No!

EURIMENA.—¿Por qué? *(Pausita tensa.)* ¿Por qué?

PENÉLOPE.—Para mí ese capítulo de Ulises se había terminado hace ya mucho... *(Si siente algo lo oculta. Se pone la alianza en el dedo. La saca. La deja en un arca.)* En mi joyero estará más protegida que en mi mano... Prepara mis maletas.

EURIMENA.—*(Un llantito.)* ¡Qué corazón de piedra!

(Va hacie el dormitorio.)

PENÉLOPE.—Si lo hubiera tenido menos duro, hubiese estallado hace ya tiempo... *(A* EURIMENA, *dentro.)* La única forma de que no quedara Ulises como un cochero era pensar que se había muerto, ¿no? ¿No lo pensamos todos? ¡Di! Pues entonces... Además, está ya atardeciendo y esta noche otro hombre, con todos los derechos, entrará en esa cama. No está bien que lo reciba con los ojos enrojecidos de llorar por otro... *(Llanto de* EURIMENA.*)* Prepara mis maletas. ¿Es que no me oyes? He de viajar mañana... ¿Por qué lloras, imbécil? Agua pasada no mueve molino.

EURIMENA.—*(Saca una maleta y algunos trajes. Irá sacando de dentro otros.)* Por ti. Lloro por ti, por mí, por todos estos años.

PENÉLOPE.—Y porque estás borracha.

EURIMENA.—No he bebido. Hace un mes que no bebo...

PENÉLOPE.—*(De un bolsillo o faltriquera le saca una whiskera sin licor.)* Y eso, ¿qué es?

EURIMENA.—Un frasco vacío. Como tu vida, Penélope. Como la mía. Como la vida de todo el mundo en esta casa.

PENÉLOPE.—Mi vida. *(Comienza la serie de razonamientos a que la lleva la noticia de la muerte de* ULISES.*)* Vivir es inevitable, Eurimena: basta dejarse llevar. Pero dejar de vivir es un arte. A nuestra edad, deberíamos aprenderlo... ¡Qué fácil es vivir! Se toma la botella, se destapa, se bebe... *(Tiene la whiskera en la mano.)* Uno se siente un poco mareado, se habla sin ton ni son, se deja caer el vaso... Luego nos entra el sueño. Al despertar, estamos solos. Todos se han ido... Los compañeros de juerga, ¿dónde fueron? Nos queda únicamente una botella: vacía, silenciosa, ajena ya... Para otras manos que la llenarán, para otra boca que volverá a apurarla cuando nosotros estamos ya en otro sitio para siempre... ¿Por qué lloras imbécil? ¿Acaso no sabías que vivir era eso?

EURIMENA.—¿Pongo este traje verde en la maleta?

PENÉLOPE.—*(Tomándole.)* Con este traje le gusté una noche. Una de las últimas...

EURIMENA.—¿A quién?

PENÉLOPE.—¿A quién va a ser? *(Despacio.)* A Ulises.

EURIMENA.—*(Con mala intención.)* ¡Ha habido después tantos...!

PENÉLOPE.—Por eso. Es como si no hubiera habido ninguno... *(Recordando.)* Era para una fiesta. Cuando me vio bajar con él, me miró muy despacio. Se le pusieron los ojos también verdes de mirarme. Me dijo: «¿Y si no fuéramos?» Subimos muy juntos la escalera... Al llegar aquí casi me había desnudado ya. Me saltó dos botones... No lo pongas: no está de moda y es demasiado juvenil. Llevaré sólo los trajes más oscuros.

EURIMENA.—Salir tú viva de esta casa... ¿Quién te lo iba a decir? Irte a vivir a casa de otro hombre...

PENÉLOPE.—*(Seca.)* Exageras: a vivir, no... *(La endulza su recuerdo.)* Durante una cacería un jabalí le hirió en el muslo derecho... Le llevaron a casa de mis padres en unas parihuelas. Teníamos veinte años...

EURIMENA.—*(Enseñándosele.)* ¿Quieres llevarte el chal dorado?

PENÉLOPE.—Me miró como si no hubiera mirado antes cosa alguna: como un ciego que empieza a ver de pronto. Yo me di cuenta de que me moriría si él me dejaba de mirar... ¡Mentira! Sí, ponlo.

EURIMENA.—*(Con mala intención.)* Agua pasada no mueve molino. ¿Por qué te acuerdas de eso ahora?

PENÉLOPE.—Porque estoy despidiéndome. Porque estoy diciendo adiós a Ulises y a Penélope. Mal o bien hasta ahora he sido una; desde ahora seré otra. Una mujer es diferente según el hombre que la mira. Cambiamos según el hombre que nos abraza, que nos muerde la boca, que nos hace los hijos...

EURIMENA.—(*Mala.*) ¿Y por qué no te acuerdas de las peleas nada más casaros, hija mía? De vuestro sinvivir, de vuestros días llenos de gruñidos, de tus cominerías... De cuando volvía cansado y se dormía nada más cenar encima de la mesa y a ti te llevaban los demonios. De cuando le daba por inventar historias que te aburrían soberanamente... De que, antes de dos años, se fue a la guerra y «adiós que si te he visto no me acuerdo».

PENÉLOPE.—También me acuerdo de eso. Y, aunque te parezca mentira, esta noche también lo echo de menos...

EURIMENA.—¡Qué complicada eres!

PENÉLOPE.—Sí. No soy una mesa. No soy una cortina... Soy lo que he llegado a ser: una historia. Tengo mis cicatrices y las quiero.

EURIMENA.—Pues bien que has intentado borrarlas. No bajan de cincuenta los pretendientes que han subido a esta alcoba...

PENÉLOPE.—(*Sin enojo.*) ¿Y para qué han subido? Para demostrarme que no se había acabado el mundo. Que había otras bocas, otras piernas, otras palabras al lado de mi oreja... En efecto: no se acababa el mundo. Pero, de alguna forma, yo sí me había acabado... Quizá hoy siento más mis cicatrices, como en esas vísperas de lluvia. Las infidelidades lo son porque hay alguien a quien serle fiel, aunque no lo seamos. A Ulises pude ponerle los cuernos y engañarle. A mí no me engañaba... A partir de hoy, casada, ya no podré engañar a Ulises ni serle fiel. Ulises ya no cuenta. No debo ya esperarlo... Por eso

—sólo por eso, no porque se haya muerto— es hoy un día terrible... No tengo veinte años, pero debo mentirme como si los tuviera. Debo cerrar los ojos. Hacerme otra ilusión. Y no es fácil, te lo juro: no es fácil.

EURIMENA.—Qué complicada eres... *(Intentando distraerla.)* Levanta ese ánimo... Cuando mi segundo marido se ahogó en un lavabo...

PENÉLOPE.—*(Sonriendo a su pesar.)* ¿Cómo, en un lavabo?

EURIMENA.—No lo sé. Era tan tozudo que ni siquiera muerto quiso decirme cómo... *('Ríe PENÉLOPE.)* Así, ríete... Cuando se ahogó, se terminó la vida para mí. De día era inaguantable, pero de noche... Un hombre de cama, tú me entiendes. Dos meses lo lloré sin parar. Luego, un día, de pronto, me dije: «parece que hoy hace otra vez calor». Y a las cuatro semanas tenía otro marido... ¿Qué le vamos a hacer?

PENÉLOPE.—Anda, asómate y dime si ha empezado la prueba.

EURIMENA.—Por orden de edad iban: los jóvenes primero... El último, Anfínomo: qué atrevimiento el suyo querer casarse con cerca de ochenta años... Bien empleado le estará el cachondeo que van a organizarle...

PENÉLOPE.—*(Empujándola hasta hacerla salir.)* Vamos, vete... Vete... Los dioses, a menudo, se equivocan. Y es preciso corregir sus imprudencias. De todas formas, cuánto trabajo cuesta someterlos a un yugo... A primera vista, puedo parecer dura. Sin embargo siento muchísimo que Ulises ya no viva. Con toda mi alma lo siento... Me hubiera gustado decirle lo que he pensado de él en estos veinte años... Es una pena que se haya muerto sin saberlo... *(Vengativa.)* Por otra parte, casarme en vida de Ulises me hubiera ilusionado... Siempre fue inoportuno.

EURIMENA.—*(Entrando en tromba.)* El disloque, señora. La caraba. Llena de asombro vengo. Más de la mitad de tus pretendientes ya han sido eliminados: ninguno ha podido manejar el arco... *(Llantito malintencionado.)* Era mucho hombre Ulises... *(Observando a* PENÉLOPE.) Ni Otesipo, ni Filecio, ni Eurímaco... Nadie... Con lo guapos que eran y lo bien que lo «pasábamos» con ellos... (PENÉLOPE *está impertérrita.)* Van quedando sólo los mayorcitos... A este paso no hay boda. ¿No te asustas?

PENÉLOPE.—*(Sonriendo.)* Y el viejo Anfínomo, ¿qué hace?

EURIMENA.—¡Ah, ése!... Toma una copa y se sonríe. ¿Qué más le da? Ha mandado a su chófer que le haga el equipaje. *(Se ríe.)* Pienso que va a retirarse... Que ha de poder el pobre ni sostener el arco. Bastante hace con sostenerse los calzones...

(Carcajadas.)

PENÉLOPE.—Calla, no tengas que pedirle perdón...

(Más carcajadas.)

EURIMENA.—¿Perdón? No hay un hombre en el mundo que pueda tender el arco de mi amo... Ay, no me extraña que estés tan afectada.

(Con ironía.)

PENÉLOPE.—Ni tender su arco... ni casarse con su mujer, ¿eso quieres decir? Pues vas lista. Tienes la misma desdichada costumbre de tu amo: hablar de más...

EURIMENA.—Se me olvidaba... Al bajar me he encontrado muerto a Argos, su perro preferido...

PENÉLOPE.—*(Impresionada.)* ¿También Argos hoy? *(Reaccionando.)* Ya era hora. Llevaba veintitrés años en casa y veinte echado junto a la chimenea. Nunca

vi un perro que viviera tanto... Si podía llamarse
vivir a eso que hacía...

EURIMENA.—¡Pobrecillo! (*Exagerando, para molestar.*) De esta casa quizá fuese él lo único fiel a Ulises...
(PENÉLOPE *le tira alguna ropa que tiene en la mano.*)
¡Perdona, hija! ¡Qué humor! Pero es verdad: desde
que se fue, nunca más quiso volver de caza, ni mirar una perra. Estaba con el hocico entre las patas,
como una recién viuda... Bueno, como algunas,
porque hay otras que ya, ya...

PENÉLOPE.—(*En sí misma.*) Cada vez quedan aquí
menos cosas de Ulises. En la almoneda de hoy, Argos ha sido adjudicado a la muerte...

EURIMENA.—Veremos a quién eres adjudicada tú.

PENÉLOPE.—¿Crees que yo iba a consentir ser
objeto de un sorteo? Ni que fuera un jamón... ¿De-
pender de unos músculos, de una casualidad? ¡Qué
idiota eres! El resultado de esta prueba estaba decidido de antemano.

EURIMENA.—¿Cómo? ¿Por quién?

PENÉLOPE.—Por mí.

EURIMENA.—¿Qué es lo que has hecho?

PENÉLOPE.—Si el arco de Ulises no ha conseguido
manejarlo nadie, ni antes ni ahora, es porque hay
un secreto... En uno de sus extremos, el zorro de
mi marido puso un seguro. Un pequeño artefacto
casi invisible pero que, cerrado, impide el movimiento de la cuerda.

EURIMENA.—(*Riendo.*) ¡Qué lista! ¡Qué listísima!
Así todos los pretendientes se irán por donde han
venido con las manos vacías...

PENÉLOPE.—No, todos, no. Todos menos uno. A
uno yo lo he advertido para que, disimuladamente,
oprima el resorte... De esa manera, he conseguido
por una argucia de Ulises, elegir mi segundo marido...

EURIMENA.—¿A quién?

PENÉLOPE.—A Anfínomo.

EURIMENA.—¿A ese anciano? Si es más viejo que

yo... si le tiemblan las piernas y el único pie que no tiene en la tumba es el bastón... ¡Anfínomo!

PENÉLOPE.—Un hombre que no nos gusta, cuanto más viejo, mejor.

EURIMENA.—Si está incapaz... Pero, ¿por qué?, ¿por qué?

PENÉLOPE.—Su oferta era la más alta de todas. En esta especie de subasta, su postura ha sido la mejor. No pretenderías que la segunda vez me casara también por amor, ¿verdad? Me ha ido muy mal en la primera... He procurado, con la boda resolver bien mi porvenir. Y el tuyo, no te quejes...

EURIMENA.—¡Qué horror! Un viejo jorobeta y gargajoso...

PENÉLOPE.—Dentro de un momento por esta puerta entrará el viejo Anfínomo. Me dirá: «Ya eres mía» y yo le diré: «Sí»... Prepara la cama. Los viejos siempre tienen prisa por hacer estas cosas: como no están seguros de llegar a mañana... Pon el juego de cama de mi primera boda... Esta noche no habrá sangre. Seguramente ni siquiera habrá «juego» de cama...

EURIMENA.—Tú te lo has buscado. No te hagas la importante. A todas las mujeres les pasa esto de quedarse viudas y volverse a casar.

PENÉLOPE.—A todas, no.

EURIMENA.—A la mayor parte: los hombres duran menos. (Ha ido hacia el dormitorio. Comienza a hacer la cama.) ¡Señor! ¡Qué disparate!

PENÉLOPE.—(Recordando.) Entre esas sábanas, cuando Ulises ladeó la cabeza para besarme, vi que había amanecido... Le sudaba la frente. Tenía sobre el labio una gota de sangre: le debí morder yo sin darme cuenta...

EURIMENA.—Sí, sí. Lo que es sin darte cuenta... Menuda nochecita...

PENÉLOPE.—Yo pensaba: «Y así toda la vida»...

EURIMENA.—(*Mientras tiende las sábanas.*) ¡Qué ingenuidad! No hay hombre que resista. Te lo digo yo, que supe mucho de eso...

PENÉLOPE.—(*Ayudándola con el embozo en las manos.*) Ese desgarrón del encaje se lo hizo Ulises al apartar la sábana. Fue antes de que... Yo tenía miedo. Y pudor... No lo sé: no quería destaparme. Él tiró. Era tan violento... Al romperse, crujió el encaje como si dentro de la habitación se hubiese despertado una paloma. Yo pensé: «Qué lástima.» Luego, ya no pensé...

EURIMENA.—(*Curiosona, cama por medio.*) ¿Cómo era Ulises? Quiero decir que cómo era... en estos casos...

PENÉLOPE.—Brillaba... A veces, yo entreabría los ojos para verlo besarme. El tenía los suyos cerrados, con las cejas fruncidas, como un niño que se concentra para repetir una lección de memoria... Aún no me explico cómo, poco a poco, nos fuimos separando... Telémaco, quizá: un niño une a sus padres, pero de otra manera.

EURIMENA.—Cárgale el mochuelo al niño... Ni tú fuiste simpática, ni quisiste entender a tu marido. Él era un loco y tú demasiado sensata. Doña Perfecta te llamaba... «¿cómo está hoy de humor doña Perfecta?», me decía: qué ángel... Y tus manías de orden y tu afán de demostrarle que lo que te decía era mentira... Una mujer debe creerse todo: ¿qué más da una mentira más o menos? Cuando nos mienten es que nos quieren todavía. Después, ya, ni se toman el trabajo... Las mentiras más grandes son las que no se dicen...

PENÉLOPE.—(*Irritada.*) Calla, rabisalsera, que me estás mareando. Sábelotodo. Vieja cotorra... Lo bueno es curar al enfermo: no decir, después, de qué se ha muerto.

EURIMENA.—Ya está hecha la cama, dominanta... lo que pase en ella de ahora en adelante es cosa tuya... *(Sale hacia la puerta, murmurando.)* Al diablo se le ocurre entregarse a semejante vejestorio.

(Se asoma fuera, unos segundos, mientras PENÉLOPE *entra en el dormitorio, quitándose el traje y diciendo.)*

PENÉLOPE.—Ayúdame a cambiarme.

(Deja sobre la cama una camisa de dormir, discreta y seria.)

EURIMENA.—*(Volviendo.)* Ya sólo queda el viejo y unos cuantos testigos... Hasta ponerse en pie le ha costado trabajo.

(Ayuda a PENÉLOPE.*)*

PENÉLOPE.—En su noche de bodas, las vírgenes sienten un temblor en la cintura... Les parece que sus piernas ya no son suyas, que sus labios no son sus labios ya: y van a dejar de serlo... Se encuentran poseídas antes de que las posean. Y se preguntan qué pasará después, qué deberán hacer: agradecer, dormir, mirar al techo con los ojos húmedos... El amor les pone pesadas todas las coyunturas... Nunca pensé que el asco pudiera producir el mismo efecto que el amor...

EURIMENA.—Pero, bueno: lo que quisiera yo saber es por qué te casas.

PENÉLOPE.—Tú crees que lo sabes todo y eres una pobre tonta. El papel de mujer de rey es ya dificultoso, pero lo es más aún el de madre de un muchacho que quiere ser rey... *(Se mira al gran espejo.)* Estoy peinada, limpia, hastiada, sin pintar, decepcionada... ¿qué me falta entonces para empezar una noche de amor? .

EURIMENA.—*(Largándole un deshabillé, elegante, pero severo.)* Esto le falta.

*Mientras se lo pone se acerca al tocador
y maniobra vagamente.)*

PENÉLOPE.—Cumplamos bien nuestro oficio hasta
el final... *(Acercándose.)* ¿No te quedaría un poco de
esa porquería que sueles beber?

EURIMENA.—*(Le alarga otra whiskera.)* No la llevo
por mí, como comprenderás... Pero pensé que lo
necesitarías... *(Mientras bebe* PENÉLOPE, *se oyen unos
pasos en la escalera.)* Ya sube. ¡Ay, qué espanto!
¿Lo oyes?

PENÉLOPE.—Sí. Ya sube...*(Cierra los ojos.)* Ábrele...

EURIMENA.—*(Bebe un poquito antes. Abre. En la
puerta,* ULISES, *con el gran arco en la mano.)* Él tensó
el arco... Etón, el de la carta... *(Se vuelve a* PENÉLOPE.)
Anfínomo no pudo. Ya lo sabía yo...

*(Sale. Después de una larga mirada, quiere
seguirla* PENÉLOPE. ULISES *se interpone.)*

ULISES.—Abajo ya no queda ni un solo preten-
diente.

EURIMENA.—*(Apareciendo.)* Es verdad, Penélope. Es
verdad.

ULISES.—*(Sin mirarla.)* Fuera de aquí.

EURIMENA.—*(Dócil.)* Este novio es mejor... Feliz
noche de bodas.

(Sale.)

ULISES.—*(Con una ironía dominadora, que abando-
nará muy poco en esta escena, sustituida por un asomo
de enojada grandeza.)* ¿Es usted la dulce Penélope?

PENÉLOPE.—¿Eso lo dijo Ulises de mí: la «dulce»
Penélope?

ULISES.—Dulce, callada y obediente.

PENÉLOPE.—Basta. Explique usted por qué está
aquí. ¿Qué ha sucedido?

ULISES.—Anfínomo no pudo descorrer el seguro del arco. Veinte años sin usar oxidan mucho. Agarrotan muchas cosas: un matrimonio, por ejemplo. O el seguro de un arma... No es que yo sea más fuerte que los otros. Por eso debí ser más precavido. *(Muestra una ampolla de cristal.)* Traje un poco de aceite. Unas gotas bastaron...

PENÉLOPE.—¿Quién le había dicho...?

ULISES.—Ulises. Se figuraba que, un día u otro, esto sucedería. No confiaba en usted.

PENÉLOPE.—¿Y le dijo el secreto? La jugarreta póstuma... ¿En usted sí confiaba...?

ULISES.—Más o menos. Pasamos juntos tantas peripecias...

PENÉLOPE.—¿Y quiso que yo fuese su mujer? Me dejó a usted en herencia como se deja un coche o una vaca, ¿no es eso?

ULISES.—¡Qué va! ¿No le dije que él era amigo mío?

PENÉLOPE.—Muy amable.

ULISES.—Los recuerdos que tenía de usted eran más bien desfavorables... Él sólo quería que yo echase de aquí a los pretendientes que estaban arruinándola...

PENÉLOPE.—No comprendo.

ULISES.—Es sencillo: usted se iba a casar por concluir de una vez con este asunto y dar paso a su hijo, ¿no es así? Pues ya está concluido... Hasta después de muerto Ulises ha triunfado.

PENÉLOPE.—Qué sencillo, ¿verdad? Y usted, qué generoso. Y Ulises, qué profético y qué tierno. Y yo, qué agradecida...

ULISES.—En efecto, en efecto.

PENÉLOPE.—Pues escúcheme usted y que me escuche desde el infierno Ulises. Al principio, mis pretendientes quisieron proclamar una república que gobernara el reino, con el pretexto de esperar a Ulises mientras crecía Telémaco. Yo sabía que eso

era perderlo todo: en política no se vuelve hacia
atrás. Fomenté la ambición de cada uno. A cada
uno, por separado, le prometí ser suya y que él
sería el rey único...

ULISES.—¿En la cama?

PENÉLOPE.—¿Qué dice?

ULISES.—Que si le prometió eso en la cama a
cada uno.

PENÉLOPE.—En donde fuera. ¿Qué le importa a
usted?

ULISES.—Lo decía por la memoria de Ulises...

PENÉLOPE.—La memoria de Ulises era bastante
mala: en veinte años no se acordó de mí... (*Continúa
en el tono de antes.*) Al ser mayor de edad. Telémaco
quiso coronarse. Para expulsar a tantos ambiciosos
no encontró más que un medio: que yo eligiera
uno, me casara... y me fuera. Los pretendientes le
exigieron previamente las pruebas de la muerte de
Ulises. Yo me enteré de lo que en realidad tramaban.

ULISES.—¿Se enteró usted en la cama?

PENÉLOPE.—(*Pasando por alto la pregunta.*) Matar
a mi hijo en altamar. Supe el lugar de la emboscada
y se lo dije para que lo evitara. Mañana estará aquí
de nuevo, sano y salvo.

ULISES.—Muy maternal, pero si Ulises no hubiera
muerto, ¿qué?

PENÉLOPE.—A Telémaco le daría eso igual. Traerá
las pruebas de su muerte.

ULISES.—¿Falsas?

(*Más atento de lo que parece.*)

PENÉLOPE.—Si fuese necesario, sí. Lo que él quiere es reinar. Antes de que regrese, yo debo haberme
ido: esas fueron sus órdenes. Mi nuevo esposo estor-
baría sus planes.

ULISES.—Ulises no me habló de un Telémaco así.

PENÉLOPE.—Siempre fue un embustero. Si nunca

quiso conocerme a mí, ¿cómo iba a conocer a un hijo que dejó de dos años? A Ulises, mientras estuvo en Ítaca, le importó sólo Ulises. Su hijo y yo éramos el lastre de su barco. *(Mordaz.)* Él estaba varado por nosotros. ¡Necesitaba el mar!

ULISES.—Necesitaba vivir, señora, vivir.

PENÉLOPE.—Todos necesitamos vivir, ¡qué tontería!

ULISES.—Él, más. Él no se conformaba con beberse la vida a pequeños sorbos. Su alma no era la de un oficinista. El tiempo que corría se le clavaba como en un acerico. En una isla, él no podía vivir: fue demasiado grande.

PENÉLOPE.—Literatura. ¿Para qué tanto vivir si nos vamos a morir de todas formas? Debió dedicarse a escribir novelas: mejor le hubiera ido. Así no hubiese precisado vivirlas... Porque cuando me casé yo, no me casé para vivir novelas.

ULISES.—¿Para qué se casó?

PENÉLOPE.—Para tener un hombre y unos hijos de ese hombre. Uno solo me dio tiempo a tener. Luego cogió el portante.

ULISES.—¿Y se ha preguntado usted por qué lo cogió?

PENÉLOPE.—Sí. Y me he contestado... Ulises era la pura desazón. Nunca supe lo que quería. Resultaba desconcertante a fuerza de estar desconcertado... *(Pone cierto cariño.)* En cuanto me marcó el anca con su hierro, se hartó de mí... Por eso se fue Ulises.

ULISES.—*(Ante ese cariño.)* Se fue por defender el amor de Menelao, que era el honor de Grecia.

PENÉLOPE.—*(Contundente.)* Ya está bien de mitomanías. Si la guerra de Troya se hizo fue porque competir con Troya era ruinoso: fabricaba más que toda Grecia. Inundaba con sus productos los mercados y acogotaba nuestra economía. El «made in Troya» era una bofetada cada vez que nos poníamos un traje, descorchábamos una botella o abríamos una caja... Nada más. Mi marido me abandonó sin saber ni por qué me abandonaba.

ULISES.—*(Ante esa contundencia.)* Sí lo supo. Él también se casó por tener una mujer y unos hijos con ella. Pero cuando esa mujer lo tuvo bien seguro se transformó en un censo, en un jefe de administración, en un sargento de caballería.

PENÉLOPE.—Usted me insulta.

ULISES.—La defino, señora, de acuerdo con mis datos... Usted agotó la infinita paciencia de Ulises, el amor de Ulises. Porque el amor se agota. A fuerza de impertinencias, de menudas protestas, de caras largas, de amor propio, de celos intempestivos... el amor se agota. Al que ama muy pocas veces se le pide dar la vida, por su amor, de repente. Tiene que darla día a día, gota a gota, renunciando, negándose. Es un sacrificio menos lucido acaso, pero mucho más útil.

PENÉLOPE.—¿Por qué no lo hizo Ulises?

ULISES.—Usted le echó de Ítaca. Usted está convencida de que Penélope fue todo en esta casa. Que lo era todo para Ulises: madre, amante, hermana, cocinera, cuerpo de casa, todo. Sólo le faltó de verdad, ser una cosa: la que más importaba: compañera.

PENÉLOPE.—¿Qué quería? ¿Que fuese a correr aventuras con él? ¿A poner una agencia de viajes como él?

ULISES.—Si usted hubiese sido compañera no le hubiera tentado la aventura.

PENÉLOPE.—¡Falso! Él echaba de menos su vida de soltero, sus amigos...

ULISES.—Sus compañeros.

PENÉLOPE.—... cayera quien cayera. Yo era una intrusa que cuidaba la casa y a quien, de vez en cuando, se besaba sin saber bien por qué, antes de ponerse a roncar.

(La discusión se agría.)

ULISES.—Ulises no roncaba.

PENÉLOPE.—Pues claro que roncaba. Y otras cosas peores. ¿Quién os habéis creído todos que era Ulises?

ULISES.—El símbolo del hombre: eterno insatisfecho, viajero, curioso, razonador, dominador de la naturaleza, contrincante mañoso del destino, desobediente a los dioses malignos...

PENÉLOPE.—Por favor, reduzcamos la conversación a límites caseros. La dialéctica no me impresiona ya: fui la mujer de Ulises...

ULISES.—Fue, es y será un héroe.

PENÉLOPE.—Nuestro tiempo es trivial, amigo mío: no hay héroes ni dioses. Nadie es imprescindible.

ULISES.—Al parecer, en esta casa, Ulises... Pero debió usted ampliar sus paredes: la grandeza de Ulises no cabía en esta habitación.

PENÉLOPE.—¡Su grandeza! Un hijo único, consentido y soberbio. Con una madre que sólo veía por sus ojos y un padre que hemos tenido que recluir, loco, en una casa de campo... ¿Y quién ha sacado adelante todo este mare mágnum? ¿La grandeza de Ulises? ¡Yo! Yo, Penélope. La antipática, la insoportable, la gruñona Penélope.

ULISES.—(*Guasón.*) De esos arrebatos ya me habló su marido. De esa pasión por hacerse la víctima. De ese querer tener siempre razón.

PENÉLOPE.—Desgraciadamente la tengo. A veces me gustaría equivocarme. Debe ser agradable equivocarse un día...

ULISES.—(*Irónico.*) Ese día no está lejos... Al morir, él me dijo: «Quizá ella ha cambiado con los años.»

PENÉLOPE.—(*Fuerte.*) ¿Para qué iba a cambiar? ¿Por quién? ¿Quién me habría tenido el menor respeto si yo hubiera cambiado? He tenido demasiados trabajos en mi vida... Un marido engreído que al final me abandona...

ULISES.—Usted se lo buscó.

PENÉLOPE.—(*Sin oírle.*) ...unos suegros imbéciles,

un pueblo papanatas y, por si fuera poco, un hijo que se siente importante. Demasiados trabajos. No me dio tiempo a reír y ser amable.

ULISES.—*(Susurrando.)* Doña Perfecta.

PENÉLOPE.—Sí. Doña Perfecta... Cuidar la casa, vigilar el servicio, revisar las cuentas, dar de comer a mi hijo, defenderme de toda esa gentuza... y recibir además con palmas y con ramos a mi maridito, que volvía de madrugada oliendo a vino agrio y eruptando igual que un carretero.

ULISES.—*(En voz baja, un poco humillado.)* Ulises no eruptaba.

PENÉLOPE.—*(Sin oírlo.)* Pero, ¿quién piensa en eso? Nadie. Sólo se piensa en la gloria de Ulises. Las penas no interesan... Penélope es un ogro.

ULISES.—*(Como último argumento.)* Toda esa santidad se hubiese mejorado con más delicadeza, con ternura...

PENÉLOPE.—A mí me pueden obligar a ser ajusticiada, pero que no me obliguen encima a sonreír... Nadie está obligado a la sonrisa.

ULISES.—Ni al amor, por lo visto.

PENÉLOPE.—Ni al amor: cuando se cansó Ulises se largó por las buenas. *(Más bajo.)* Ni al amor, por lo visto... Yo lo amaba.

ULISES.—A su manera.

PENÉLOPE.—Como se ama siempre: cada cual tiene un modo.

ULISES.—Dos días llevo en esta casa y usted no me ha llamado para saber noticias de su esposo.

PENÉLOPE.—Después de veinte años tenía derecho a algo más que noticias. *(Más humana.)* Cuando, según usted, le hacía la vida imposible, sabía que le estaba haciendo imposible la vida a la persona que más quería en el mundo. Cuando reñía con él era porque me importaba más que nadie: no se intenta mejorar a quien no nos importa. Cuando me peleaba a muerte con él, no peligraba mi sentido del matrimonio: *(Una suave sonrisa.)* peligraba su vida, en todo caso. No lo entendió y se fue.

ULISES.—Hay amores que matan, Penélope. *(Una posibilidad de acercamiento.)* Si el amor no es una ventana abierta por donde entren la luz y la alegría, no es nada. Si el amor no nos sirve para vivir, no es nada. Si, en lugar de endulzarnos las penas que ya nos da la vida, nos la amarga, no es nada: peor que nada. Si, por amor, nos dedicamos a destrozar a una persona, a devorarla, no estamos en situación de exigirle que siga a nuestro lado... Ulises se fue. No pudo emplear una defensa menos perjudicial...

PENÉLOPE.—*(Haciendo saltar esa posibilidad.)* ¿Menos perjudicial? Y por seguir hasta en la otra vida con su estúpida astucia, me pone en este trance de casarme con un desconocido, que no tiene ni dónde caerse muerto...

ULISES.—*(Se ha replegado en su ironía.)* No es mi intención caerme muerto, señora. De momento.

PENÉLOPE.—No me importa cuál sea su intención. La mía está bien clara: no pienso casarme con usted. No me encuentro obligada. Su nombre no estaba en la lista de los pretendientes. Es inútil que insista...

ULISES.—Si no estoy insistiendo. Cuando me deje hablar...

PENÉLOPE.—Le digo que es inútil. Lo hemos hablado todo.

(Le vuelve la espalda.)

ULISES.—Verdaderamente no ha cambiado usted en nada... Yo vine a poner fin a su problema. Ya está resuelto. No hace falta casarse. Nunca he pensado en eso...

PENÉLOPE.—*(Volviéndose.)* ¿Cómo?

ULISES.—Yo no vine a quedarme en Ítaca, señora.

(Está gozando.)

PENÉLOPE.—(Ocultando su desencanto enorme.) ¡Ah, no! Mejor. No habrá polémica. Pero que quede bien sentado: no es usted quien renuncia a mi mano. Soy yo quien se la niega.

ULISES.—Por mí es igual: ni me va ni me viene.

PENÉLOPE.—(Muy bajo.) ¡Asqueroso!

ULISES.—¿Qué piensa hacer usted? ¿Dónde irá, puesto que Telémaco la encuentra peligrosa? Cosa que no me extraña...

PENÉLOPE.—Con un rey vine a Ítaca y le dejo otro rey. Donde yo vaya no le importa ni a Ítaca ni a usted.

ULISES.—Por supuesto... (Da por finalizada la entrevista.) Si me permite, dormiré esta noche en su casa. Es ya tarde. Mañana, antes de que amanezca, me habré ido. Me alegra haberle sido útil.

PENÉLOPE.—(Colmada.) ¿Útil a mí? Había elegido para casarme un hombre serio, rico, corriente, moribundo. Un hombre que me hubiera dado lo que nunca he tenido: tranquilidad. Y viene usted, aparece de pronto, deshace todos mis proyectos. Me deja sola sin saber qué hacer. Y encima debo darle las gracias... Salga de esta habitación. Llame a Eurimena y pregúntele dónde puede dormir. Espero no tener que verle más.

ULISES.—(Como para sí.) Hice mal en venir.

PENÉLOPE.—En cambio hará muy bien en irse cuanto antes.

ULISES.—(Solemne.) Adiós, Penélope.

PENÉLOPE.—(Desabrida.) Adiós, adiós. (Sale ULISES.) No queda otra salida. Tendré que volverme a casa de mis padres. Como esas empalagosas recién casadas que todo lo han aprendido en el cine. ¡Qué fracaso! Esto es lo que se saca de tanta perfección. Quise ser una esposa modelo y aburrí a mi marido. Quise ser una madre modelo y mi hijo me encuentra mandona y absorbente. Quise ser una abandona modelo y me obligan a casarme otra vez. Quise, por razones de estado, casarme otra vez y me dejan plantada... A esto se llama no dar una. Que vengan a hablar de mí de las tragedias griegas... *(Está buscando algo.)* ¿Dónde habrá un poco de alcohol en esta puñetera casa? Toda la vida prohibiéndolo y ahora soy yo quien necesita un trago. Estoy por sospechar que es una majadería la ley seca. Es bueno que los seres humanos olviden alguna vez que están hechos a imagen de los dioses... *(Entra* EURIMENA, *pálida y muda.)* Eurimena, preciosa, ¿por qué no me prestas esa botellita que antes llevabas en la faltriquera? ¿Qué te pasa?, ¿no me oyes? Dámela...

EURIMENA.—Para poder llegar hasta aquí me la he bebido toda... Es Ulises, Penélope.

(Lo dice con un hilo de voz.)

PENÉLOPE.—Un exceso de alcohol produce incoherencias. No está mal la ley seca. Serénate, buena mujer... Esta noche estamos todos un poquito nerviosos...

EURIMENA.—Y más que nos pondremos. *(Muy claro.)* Ese extranjero es Ulises.

PENÉLOPE.—¿Qué? Repítelo.

EURIMENA.—Le lleve al dormitorio de Telémaco. Ya su forma de entrar y su sonrisa me dieron mala espina. Me dijo: «No veo el caballo de madera. Uno blanco que mandó hacer su padre para él.» Yo le contesté: «Telémaco tiene veintiún años. Ahora prefiere los caballos de carne.» Pero estaba escamada... Miré por la cerradura mientras se desnudaba...

PENÉLOPE.—*(En voz baja.)* ¡Tía pelleja!

EURIMENA.—... y vi la cicatriz de su muslo derecho. Si ese hombre no es Ulises me dejo cortar la cabeza.

PENÉLOPE.—(*Mientras bebe una copa.*) Y yo creí que eran colonias fermentadas...

PENÉLOPE.—(*Después de una pausa pensativa.*) No me extraña. Había algo raro en sus ojos. Ese brillo de guasa que solían tener cuando me enfurecía. Y la misma crueldad... El muy puerco... Siempre le gustó hacer teatro... Eurimena, debo estar loca: en esta noche se determina mi vida y noto, más que nada, un extraño contento...

EURIMENA.—¿Qué hacemos?

PENÉLOPE.—Suplícale, humildemente, sin nombrarle, que me haga el honor de volver. Pídele perdón... Dile lo que se te ocurra. Pero que vuelva aquí. Rendidamente, ¿eh?

EURIMENA.—Y tú, por favor, estáte amable, hija... Olvídate de todo... Encantadora, gentil y con buen gesto... No seas burra, Penélope.

PENÉLOPE.—Sí, sí, pero consigue que venga. (*Va a salir* EURIMENA.) Ah, y entre tanto, tráeme de tu bodega un sorbito de alcohol... si no te importa.

EURIMENA.—(*Va hacia el tocador.*) Mi bodega está aquí.

PENÉLOPE.—¿En mi tocador? ¡Contrabandista!

EURIMENA.—Era el último sitio donde se te ocurriría registrar.

(*Sale dejando sobre la mesa una botella.*)

PENÉLOPE.—(*Mientras bebe una copa.*) Y yo creí que eran colonias fermentadas... ¿Cuáles serán las armas que utilizan las mujeres perdidas para seducir a sus víctimas? Perfumes, movimientos ondulantes, pestañas postizas, pechos falsos, altos tacones... ¿Quién lo sabe? Ya no me da tiempo a seguir cursos de corrupción. Tendré que improvisar. El embrujo no es tu fuerte, Penélope. Con tanta aparente honestidad, milagro será que no te haya salido hasta bigote.

(*Entra en la alcoba y corre las cortinas. Unos segundos después llaman a la puerta.*

Nadie contesta. Se abre. Es ULISES, *que mira despacio la sala.)*

ULISES.—Durante mucho tiempo, sin saberlo, añoré esta habitación. Su paz, su olor virtuoso, esa sosería de mujer decente que exhalan sus paredes. Lo que una vez fue nuestro y perdimos nos atrae siempre; pero sólo porque lo perdimos. Si lo volvemos a gozar, vuelve a cansarnos... Cómo gana una mujer mientras se la sueña. Ay, Penélope: vete, quiero soñar contigo... Circe y Calypso no se apearon del pedestal: siempre fueron soñadas...: ¿por qué no hiciste tú eso? Todo está como estaba. Simplemente la vida ha cometido conmigo un fraude más. O quizá no y es mi destino quien aletea junto a mí: vieja gaviota, incansable gaviota... Quizá usa todo esto para anunciarme que lo mío es sólo navegar... Ni está gozoso mi corazón ni triste: no ha de ser suya la última palabra... *(Ante el espejo.)* Mis ojos, mi boca, mi mentón dividido. Aquí me despedí de vosotros antaño. Aquí me despido por segunda vez. Sois los mismos: acaso con alguna resquebrajadura: pero doméstica, pero remediable... *(Moviéndose.)* Estos muebles, que me hablaban en medio de las olas. ¿Por qué han enmudecido ahora que los toco..., que los oigo crujir con la delicadeza de los viejos criados..., que los abro como se abre un arca para sacar de ella, confusos, los recuerdos?, ¿Por qué habéis enmudecido, cosas de esta habitación que fue la mía: en la que amé, en la que presentí las estrellas, en la que proyecté mi gloria? *(Ante el espejo.)* No te detenga nada, Ulises. Aquí no es nada tuyo. La voz que has de seguir te llama desde el mar... En Feacia fui amado... No debí haber venido...

(En el espejo. Sobre su hombro se refleja NAUSICA, *que ha aparecido de súbito.)*

NAUSICA.—(*Sonriendo dulcemente.*) Claro que no. Te lo advertí. Yo fui tu último tren: no debiste apearte. Tú has detestado siempre que te ordenen la vida, saber lo que va a ser de ti hasta que te mueras, la mesa bien puesta y el olor virtuoso. Tú eres un mito, Ulises. No estás hecho para que te pregunten cada día qué quieres de segundo plato. Has nacido para águila y aquí te hubieran rebajado a gallina clueca...

ULISES.—(*Respondiendo al encomio.*) Nunca me hablaste con tanta ecuanimidad. Eras un poco brusca, si me dejas decirlo...

NAUSICA.—Pero tu salida de Feacia me maduró. Tú derramas el milagro por donde vas. Vuelve conmigo... (*Insinuante.*) Yo soy tu riesgo y tu albedrío..., el amor que hay que reconquistar cada mañana. Soy la inseguridad... El «todavía».

ULISES.—(*Meditabundo.*) Penélope es la rendición, el fin... Es cierto. Pero ¿y Euríalo?

NAUSICA.—¿Quién se acuerda de él? Le utilicé para encelarte... Vuelve. Escápate de Ítaca. Aquí sólo serás un triste soberano, ocupado de engordar a tus cerdos y a tus súbditos. Tomarás ya consejo, ya te... (*Se divierte.*) Te aburrirás a muerte. Perderás la línea. Penélope te hipotecará la opinión con sus guisos grasientos... Échate al mar, Ulises. ¿No te acuerdas del mar?

ULISES.—... Lo inesperado. La tensión, la lucha abierta. Sí: la vida, la vida... Hay que elegir. Y elegir, qué horror, es siempre renunciar.

NAUSICA.—Dentro de poco, en Ítaca, no serás más Ulises: serás sólo el marido de Penélope y el padre de Telémaco. Todo lo que has luchado: tu fama, tus amores, tu odisea, acabará en una fría cama de matrimonio. ¡Huye! Yo te estoy esperando...

ULISES.—Si Penélope pensara como tú...

(*Hay una duda en el aire.*)

NAUSICA.—No es posible. Ella es raída, puntual, cicatera. Recuérdame: yo soy lo imprevisible. Ahora o nunca... Recuérdame y elige.

ULISES.—*(Ante* NAUSICA *que va alejándose.)* Hechicera, ven. Fascinadora...

NAUSICA.—*(Retirándose hacia la salida.)* Ven tú hacia mí.

> *(Cuando* ULISES *va a seguirla, tras la cortina aparece* PENÉLOPE: *arreglada, sofisticada, distinta, atractiva; con un deshabillé honesto, pero turbador. Su pelo está ahora suelto.)*

PENÉLOPE.—Perdone que le haya echo esperar. Y siéntese, siéntese. *(Él, antes de sentarse, le ofrece un lugar en la «chaise-longue».)* Por favor, sin cumplidos... Ya ve que le recibo en mi «sancta sanctorum».

> *(Se sientan los dos.)*

NAUSICA.—*(Siempre a* ULISES.) ¿Lo ves? Ya empieza a decir estrecheces.

PENÉLOPE.—*(Como si la hubiera oído.)* Quiero decir en mi habitación íntima. Y perdone también que antes me haya portado quizá groseramente. No era mi intención. Estaba indecisa, preocupada... Olvídelo. ¿Una copa?

NAUSICA.—Quiere engatusarte. No aceptes.

ULISES.—*(Tímido.)* Gracias. No bebo.

PENÉLOPE.—*(Sacando del tocador copas y sirviendo.)* Yo tampoco. Pero hoy haremos usted y yo una grata excepción. *(Levanta la suya.)* Por usted.

ULISES.—*(Violento.)* Su camarera me dijo que...

PENÉLOPE.—Sí, quería consultarle detalles de gobierno... Su modestia no consiguió engañarme. Se ve a la legua, por su porte y su conversación, que usted es extraordinariamente sagaz... Mi marido lo era. *(Suspira.)* Por eso no fue posible sustituirlo... Las mujeres, por fuertes que parezcamos, dependemos del hombre... sobre todo a ciertas horas... Necesitamos su apoyo, su presencia, esa firmeza que se desprende de lo masculino. *(Saca un pitillo.)* ¿Me da fuego?

NAUSICA.—Quémale la nariz. Te está embaucando.

ULISES.—*(A* NAUSICA.) Calma. Vamos a ver qué sale de todo esto. Hay que oír a la gente.

PENÉLOPE.—*(Por el platillo de su copa.)* Esto nos servirá de cenicero... Acomódese bien. Permítame. *(Pone bajo sus pies un escabel.)* ¿Está mejor así? *(Le da fuego con su pitillo.)* No en vano lo he sacado de la cama, donde quizá usted añoraba a su esposa, si la tiene... Como yo añoro a mi esposo cada noche. Es tan malo estar solo.

(Suspiro.)

NAUSICA.—*(Imperativa.)* Óyeme, Ulises.

ULISES.—Calla, por favor. No se puede ser grosero, caramba...

PENÉLOPE.—*(Vuelve de su suspiro. Se acerca.)* Le decía que una mujer precisa el hombre de un amigo: más un hombro que un hombre, donde recostarse y descansar...

(Se apoya levemente en el hombro de ULISES.)

ULISES.—Tiene usted una hermosa cabellera.

PENÉLOPE.—Muy atento, pero sé que no siente lo que dice. Usted habrá tratado a tantas guapas oficiales... Cuerpos cuidados, hábiles caricias. ¿Qué sé yo? Para usted yo seré una despreciable provinciana.

ULISES.—Qué va, qué va. Al contrario. También

al hombre le gusta a veces reposar en una mujer
discreta, sólida. Cuando se ha viajado mucho, y ese
es mi caso, anhelamos una compañera apacible y
paciente.

NAUSICA.—*(Sin esperar ya nada.)* Adiós.

> *(Desaparece.* ULISES, *apenas si se vuelve,
> acaparada su atención por* PENÉLOPE.)

ULISES.—Tanto escalar montañas, fatiga. Fatiga
tanto nadar contra corriente... Nos dormimos en
altamar y con el balanceo soñamos en una pacífica
llanura, resistente y monótona.

PENÉLOPE.—Qué cautivador es lo que dice.

> *(*ULISES *va a abrazarla. Ella se incorpora
> como al descuido.* ULISES *casi se tumba so-
> bre la «chaise-longue». Se levanta, tam-
> bién. Mientras la busca.)*

ULISES.—Su esbeltez me recuerda el tronco de
una palma que subía hasta el cielo. La vi una tarde,
en Delfos, junto al altar de Apolo. Creí que no podía
haber nada tan bello...

PENÉLOPE.—Eso lo habrá dicho usted antes a tantas
otras...

ULISES.—Le juro por los dioses que es la primera vez...

NAUSICA.—¡Perjuro!

PENÉLOPE.—*(Sentándose de nuevo.)* No jure. Le
decía, que el gobierno de Itaca (ULISES *también se
sienta y se aproxima.),* a pesar de ser sólo una isla,
es una cuestión peliaguda...

ULISES.—*(Incapaz de resistir.)* Penélope.

> *(La besa, rindiéndola sobre el diván.)*

PENÉLOPE.—*(Con los ojos cerrados.)* Otro, por favor...
(Como para sí.) Es él. No cabe duda.

(Le da una bofetada magistral y se levanta.)

NAUSICA.—*(Apareciendo brevemente.)* Te está bien empleado, por bocazas.

PENÉLOPE.—*(A* ULISES, *que sin reponerse se ha levantado.)* Siéntate. Vamos a hablar ahora de hombre a hombre.

ULISES.—*(Intentando mantener el tipo.)* Eso va a ser difícil, entre nosotros...

PENÉLOPE.—Vamos a verlo... *(Ha vuelto la ingobernable Penélope anterior, más humana acaso y desde luego, más esposa.)* Tú eres un cacho guarro que cada vez que has aparecido en mi vida ha sido para ponerla patas arriba. Y eso se terminó. *(Va hacia la puerta. La cierra con llave. Se la guarda en el pecho.)* Yo soy tu mujer y tú eres mi marido. Yo he cumplido una por una mis obligaciones. Tú has hecho siempre lo que te ha salido de las narices... Veinte años por ahí y ahora vienes, de incógnito, a aprovecharte de mi indefensión y a sobarme con un nombre supuesto. ¡Y mañana pensabas volver al mar! Ulises, con sus manos lavadas, le pone un cuerno a Ulises: mitología pura... Qué pena, ay, qué pena tan grandísima. ¿De qué me sirve haberte respetado? ¿Haber puesto en un altar tu memoria y tu honra? ¿Es que ya no te acuerdas qué ardiente es el verano en Ítaca? Responde, mal esposo, mal padre, mal rey, mal hombre, mal Ulises...

ULISES.—Me quedaré... Está bien... Me quedaré... Si pensaba quedarme. Pero no escandalices... Todo era una broma. Ya sabes qué aficionado soy yo a estas comedias... Quise probarte. Quise ver cómo estaban las cosas antes de darme a conocer... y, desde luego, quise evitar que tus pretendientes me lincharan. (PENÉLOPE *pasea muy sofocada. Cada uno hace bastante verosímilmente su papel.)* Triste es llegar a la patria, Penélope, después de tantas privaciones y encontrar que sólo un perro nos reconoce. Sólo un perro mueve la cola a nuestro paso, recuerda nuestro olor. Sólo un perro ha esperado; le ha dicho a la muerte: «Aguarda a que regrese mi amo», y después de vernos se entrega, dichoso, a la muerte, y le dice: «ya»... Sólo un perro, Penélope... Pobre Argos ciego. Vino hasta mí despacio, parecía que nunca iba a llegar. Cuando me olfateó quiso ladrar sin conseguirlo... O quizá sólo quiso sonreír. No le dejó la muerte...

PENÉLOPE.—*(Truco por truco.)* ¿Es que crees que yo no te reconocí desde el primer momento? Por eso te he llamado. ¿A quién si no a un esposo se puede recibir en esta habitación? Supe quién eras, pero quise saber hasta dónde llegarías. Mi corazón no es ciego, no es sordo. Oyó tu voz. Vio tus cejas fruncidas. Me extrañó que no me denunciaran ante ti sus latidos. *(Una breve lágrima.)* Pero tú si eres sordo.

ULISES.—Penélope querida. De ahora en adelante todo irá bien. Volveremos los dos a reinar en Ítaca como antes de irme a Troya...

PENÉLOPE.—¡Como antes, dice! ¿Es que no te das cuenta? Telémaco llegará mañana con pruebas fehacientes de tu muerte.

ULISES.—Bien. Lo esperaré en el puerto. Me reconocerá. Dará saltos de gozo por tener a su padre entre los brazos.

PENÉLOPE.—No te enteras de nada. Telémaco no venera en su vida más que a Ulises...

ULISES.—Como debe ser. Telémaco es un buen hijo de su padre.

PENÉLOPE.—*(Sin oírlo.)* Cree que Ulises es fuerte, valiente, hermoso. Cree todo lo que tú has querido que se crea de ti. Ulises, conquistador de Troya, general invencible, amante infatigable, navegante perpetuo, hábil, sutil, astuto, inteligente...

ULISES.—Muy bien, muy bien. Perfecto... Y así soy.

PENÉLOPE.—Pero Ulises, ¿dónde tienes los ojos?

¿Para qué te ha servido correr tanto? *(Ante el espejo.)* Mírate. Mira esos ojos tristes, esa cintura recargada, esas arrugas, esas canas... ¿Dónde están tus soldados? ¿Qué has hecho de tus naves? ¿Dónde dejaste el botín de las batallas? ¿Qué explicación darás a las mujeres, a las madres, a los hijos de los hombres que te llevaste de Ítaca?

ULISES.—*(Con el ceño fruncido.)* Ya se verá..., ya se verá.

PENÉLOPE.—¿Piensas que todos son Penélopes? ¿Piensas que todos tienen la obligación de recibirte como llegues: con las manos vacías, envejecido, artero y malicioso? ¿A quién esperas convencer con tus marrullerías? ¿Crees que remediarás tus mejillas descolgadas porque te pongas chaquetas de colores? ¿Crees que, después de veinte años, los súbditos soportarán, por su elocuencia a secas, a un mal rey?

ULISES.—¡Yo soy rey por derecho divino!

PENÉLOPE.—Mejor que no lo digas, por si acaso. No emplees ese argumento nunca más. Así, por lo menos, seguirás creyendo en el derecho divino de los reyes. Telémaco es joven, guapo, rubio, osado. Adora la memoria de su padre. Ha heredado la gloria de su padre: inventada, es cierto, pero la gloria siempre se inventa, un poco. Es el rey ideal. Y ahora vienes tú a darte a conocer. A convencer a todos de que lo que oyeron de ti no era verdad: que eres un pobre hombre que lo mejor que pudo hacer fue no regresar nunca. Ah, Ulises, ¿dónde, en qué mar se ha ahogado tu agudeza?

ULISES.—*(Casi infantil.)* Pero entonces, ¿qué debo hacer?

PENÉLOPE.—Telémaco no debe saber nunca que su padre vive. Que herede el trono. Si mañana tú le dijeras que eres Ulises, sentiría tal ira por la suplantación que no te daría tiempo a decir una palabra más. Tu hijo te mataría por defender el honor de su padre. Una vez más, Ulises sería víctima de Ulises.

ULISES.—(*Apesadumbrado, sin salida.*) ¿Por qué habré vuelto?

PENÉLOPE.—(*Llegando a donde quería.*) ¿Aún no lo sabes? Porque siempre se vuelve. No has vuelto por amor ni a Itaca ni a mí. Has vuelto porque se vuelve siempre en busca de una silla; de un perro al que enseñamos a hacer pis fuera de casa; de un caballo de madera que compramos a un niño; de una mujer arisca y poco grata, que nos sostuvo la frente mientras vomitábamos... Has vuelto a descansar, Ulises. (ULISES, *se ha dejado caer en el sofá anonadado.*) Descansa. Deja caer las cejas: ya no hay público... (*La misma sugestión que en la primera parte.*) Cierra los ojos. No importa que se hayan descolgado tus mejillas: descansarán mejor. Abandónate. Ya has llegado al puerto final... Tus brazos... Yo me encargo de todo... Tu cintura... Tus caderas que ya no pueden con las armas. Tus muslos que te duelen si andas un cuarto de hora... Yo me encargo de todo. (ULISES *parece dormido.*) Siempre fuiste un niño. Egoísta, respondón, vanidoso: un niño encantador. (*Tararea la misma nana que* NAUSICA.) Recuerdo tus ojos: si me hubieran dejado de mirar, me habría muerto... (*Sonríe.*) Tu boca, apasionada y desdeñosa, hecha para dar besos inolvidables que no diste... Te recuerdo maravilloso, como nunca has sido. Y te amo, Ulises, ¿qué quieres que le haga? Amo tu pelo gris y tu cansancio tanto como amé tus rizos y tu vigor de la primera noche. Así somos. Eres mi sueño, mi realidad, mi tedio, mi martirio, mi dios. Eres mi hombre. Y te amo como eres. ¿Es que no te das cuenta?

ULISES.—(*Abre los ojos y sonríe.*) Claro que me doy cuenta.

PENÉLOPE.—(*Falsamente ofendida.*) Zorro, zorro, zorro.

ULISES.—(*Estrechándole la cintura.*) **Mañana nos iremos con mi padre, lejos del mar..., tierra adentro. Con el pobre loco, locos los tres. A cuidar viñedos y a asar castañas en la chimenea... A engordar...**

PENÉLOPE.—(*Sonriendo.*) A engordar, no.

ULISES.—... y a vivir la vida que nos queda de prisa, muy de prisa...

PENÉLOPE.—Sí, porque has perdido mucho tiempo haciendo el tonto... Tendremos que llevar ropa de cama. Y algo para hacer hielo: no soporto en el verano las bebidas calientes...

(*Adopta ya su aire eficaz de antes.*)

ULISES.—Mañana...

PENÉLOPE.—Nada más levantarme haré la lista...

ULISES.—Mañana... Ahora, vamos, Penélope: no quiero dormir solo.

PENÉLOPE.—Mirá cómo has puesto la mesa de ceniza... Limpia ese escabel, por favor... Luego, guarda las copas: no está bien que las vean.

(*Va hacia el dormitorio.*)

ULISES.—A tus órdenes... Cuando bajé hasta el Hades... ¿Me oyes, Penélope?

PENÉLOPE.—(*Dentro.*) Sí. Es que estoy preparando la cama...

ULISES.—Me encontré con Tiresías de Tebas, el antiguo vidente. «Escucha, hijo de Laertes, vástago de los dioses», me dijo. «Después de resolver los problemas de Ítaca, has de partir de nuevo llevando al hombro un remo y caminarás hasta la tierra de unos hombres que desconocen el mar, no utilizan la sal en las comidas e ignoran la existencia de las naves. Entonces clavarás en la tierra tu remo y sacrificarás al dios del mar. Sólo si cumples esto el mar te enviará la ancianidad feliz.» Eso me dijo

Tiresías. Y su sombra, entre las demás sombras del Erebo...

PENÉLOPE.—*(Dentro.)* ¿Vienes o no?

ULISES.—Sí, querida. Perdona. Estaba distraído. Es curioso: feliz lejos del mar... Qué difíciles de comprender son estos dioses...

PENÉLOPE.—Apaga antes la luz.

ULISES.—Sí, querida.

PENÉLOPE.—Y asegúrate de que estén cerradas las ventanas: empieza a refrescar...

ULISES.—Sí, querida.

PENÉLOPE.—Mejor será que te descalces fuera: traes sucios los zapatos.

(ULISES *lo va haciendo.*)

ULISES.—Sí, sí, querida. *(Mira alrededor.)* Todo está en orden. Todo está bien. Es bueno tener al lado una mujer que se ocupe de todo...

PENÉLOPE.—¡Ulises!

ULISES.—Voy, querida. Ya voy. *(Al pasar por el espejo se mira un instante con los zapatos en la mano.)* Buenas noches, Ulises. Adiós, Ulises.

(Va hacia la alcoba, mientras cae el)

T E L Ó N

E P Í L O G O

Hay ocasiones —casi todas— en que uno necesita descansar. Esa es la razón de que haya escrito «¿Por qué corres, Ulises?». O mejor, la razón de que la haya escrito *así*: como un juego. (Sin embargo, aconsejo desconfiar de su apariencia. Nada hay más serio que el juego, porque la presupuesta seriedad es lo que lo sostiene. Tomado a broma, el juego no es absolutamente nada: ni una manera de pasar el tiempo.)

«¿Por qué corres, Ulises?» se presenta como una caja de bombones. Si alguno amarga no es culpa mía. La brillante envoltura nos distrae un momento; luego, el sabor se impone: porque el amor termina y a solas es más duro envejecer. Pero hay que sonreír. Esa caja es todo lo que se nos ha dado. Conviene guardar la compostura ante la inocentada.

Cualquier odisea es el relato de un retorno —a la larga da igual retornar vencedor o vencido— y de una desanimada espera. La despedida de un mar donde se estuvo «desmemoriado y disponible». La recuperación de la memoria, que una posguerra náufraga logró desvanecer y diluir.

Todos somos Ulises o Nausica o Penélope. Todos hemos sufrido las consecuencias de una lejana guerra, cuyas causas se nos han olvidado. Todos esperábamos llegar alguna vez donde nunca llegamos. Todos hemos perdido demasiado tiempo y culpado de nuestras tonterías al destino y los dioses. Todos vagamos de una en otra isla, desterrados de donde fuimos reyes ignorantes: y es terrible volver. Todos tenemos un alma dividida: y es terrible elegir.

«¿Por qué corres, Ulises?» es una tragedia tan frecuente que ha dejado de serlo y se ha vuelto costumbre: para convivir con la tragedia nos tapamos los ojos como burros de noria. No requiere ni un desarrollo ni un final sangrientos: las heridas más hondas son las que menos sangran. Verificar que todo hombre es, en definitiva, un pobre hombre y que toda mujer, sea como sea, no es más que una mujer, puede dar risa. Quizá el mejor espectador sea aquel que, mientras se sonríe, acierte a comprenderlo.

A. G.